JESUS
SEM DOGMAS

CB013703

JOHN SELBY

JESUS
SEM DOGMAS

Uma Nova Visão Espiritual das Palavras do Mestre

Tradução:
LUIZ LUGANI

Editora
Pensamento
SÃO PAULO

Título original: *Jesus for the Rest of Us.*

Copyright © 2006 John Selby

Publicado originalmente em inglês por Hampton Roads Publishing.

Todos os direitos reservados. Nenhuma parte deste livro pode ser reproduzida ou usada de qualquer forma ou por qualquer meio, eletrônico ou mecânico, inclusive fotocópias, gravações ou sistema de armazenamento em banco de dados, sem permissão por escrito, exceto nos casos de trechos curtos citados em resenhas críticas ou artigos de revistas.

A Editora Pensamento-Cultrix Ltda. não se responsabiliza por eventuais mudanças ocorridas nos endereços convencionais ou eletrônicos citados neste livro.

Coordenação editorial: Denise de C. Rocha Delela e Roseli de S. Ferraz

Preparação de originais: Letredição – Tradução e revisão de textos

Revisão: Iraci Miyuki Kishi

Dados Internacionais de Catalogação na Publicação (CIP)
(Câmara Brasileira do Livro, SP, Brasil)

Selby, John
Jesus sem dogmas : uma nova visão espiritual das palavras do mestre / John Selby ; tradução Luiz Lugani. — São Paulo : Pensamento, 2011.

Título original: Jesus for the rest of us.
1. Bíblia. N. T. Evangelhos — Crítica e interpretação 2. Bíblia. N. T. Evangelhos — Meditações 3. Jesus Cristo I. Título.

11-01948 CDD-232.9

Índices para catálogo sistemático:
1. Jesus Cristo : Interpretação espiritualista : Cristianismo 232.9

O primeiro número à esquerda indica a edição, ou reedição, desta obra. A primeira dezena à direita indica o ano em que esta edição, ou reedição, foi publicada.

Edição	Ano
1-2-3-4-5-6-7-8-9-10-11	11-12-13-14-15-16-17

Direitos de tradução para o Brasil
adquiridos com exclusividade pela
EDITORA PENSAMENTO-CULTRIX LTDA.
Rua Dr. Mário Vicente, 368 — 04270-000 — São Paulo, SP
Fone: 2066-9000 — Fax: 2066-9008
E-mail: pensamento@cultrix.com.br
http://www.pensamento-cultrix.com.br
que se reserva a propriedade literária desta tradução.
Foi feito o depósito legal.

Dedicatória

Com muito amor e muitas recordações, dedico este livro à minha mãe, Mildred Selby Smith, que nutriu em mim uma mente indagadora e um coração amoroso, aos quais ela deu liberdade de perambular para além de suas convicções próprias, de maneira que pude descobrir meu compromisso singular com a realidade espiritual. Com semelhante disposição de espírito, também dedico este livro a meu pai, Walter Smith, pecuarista que me ensinou a olhar para além dos jogos da cultura e pressuposições religiosas, enxergar a verdade com clareza — e agir de acordo com ela. Também sou profundamente grato ao ministro de minha infância, William Gearhart, e seus ousados desafios à teologia presbiteriana; bem como à sua esposa, Lucille, que serenamente percorreu a senda do coração universal e comoveu tantos corações e mentes no decorrer desse processo. Que o crescimento espiritual e os lampejos intuitivos de nossas novas gerações respeitem a sabedoria e a sinceridade daqueles que nos precederam e usem essa experiência e sinceridade para construir novos horizontes.

Nota do autor

Tenho plena consciência de que este livro vai contrariar os cristãos tradicionais e os fundamentalistas que pregam batendo na Bíblia — porque é minha intenção levantar questões que comumente levavam pessoas a morrer na fogueira. Mas nosso propósito aqui não é discutir teologia, nem questionar as experiências espirituais profundas com as quais muitos cristãos continuam sendo abençoados. Esta exposição destina-se àqueles que já não encontram satisfação nas teologias e práticas tradicionais cristãs de direita, e desejam descartar crenças constritivas para poder examinar livremente a experiência meditativa direta da presença e orientação de Jesus em sua vida.

Thomas Jefferson declarou sem rodeios: "Não encontro no cristianismo uma única característica que compense". Não chego a tanto na minha abordagem pós-cristã de Jesus e de seus ensinamentos meditativos. Mais que a história muitas vezes horrível e as teologias da igreja cristã baseadas no medo, as qualidades mais contemplativas e místicas do cristianismo alentaram uma profunda experiência espiritual em milhões de corações. Escrevo este livro para abandonar a influência do culto sacerdotal cristão, de maneira que possamos examinar livremente o poder permanente da presença incessante de Jesus em nossa vida.

Vivemos numa época em que um número grande e crescente de pessoas se considera pós-cristãs, porquanto já não creem nos dogmas cristãos tradicionais de seus pais e avós. Este livro apresenta uma nova visão espiritual e um método de meditação fundamentados nos aspectos experienciais não teológicos dos ensinamentos de Jesus. Empregando habitualmente este método de meditação pós-cristão, você conquistará o poder de avançar para além da limitadora rotina religiosa e se integrará em comunhão singular com o divino.

Sumário

Introdução

Jogar fora a criança com a água do banho

O dia era 7 de maio de 1972 e o local, a apenas 19 quilômetros ao norte da ponte Golden Gate, era o Theological Seminary de San Francisco, onde eu havia realizado meus estudos de pós-graduação para ser ministro presbiteriano. Eu estava sentado numa salinha revestida de pedras aguardando ser chamado para uma sala maior, na qual doze ministros presbiterianos de toga preta e aparência grave estavam prontos para proceder a uma inquirição oficial sobre minhas crenças e meu futuro na igreja. Ao meu lado, atuando como meu consultor não oficial para o exame religioso estava o filósofo e escritor Alan Watts, muito famoso na época (e um tanto mal-afamado). Watts tinha 50 anos e eu 26; ele era minha principal imagem de pai na ocasião, bem como meu mestre de meditação.

Olhou-me de relance e sorriu. "John", avisou com nítido sotaque britânico, "é só lembrar o que Jesus disse aos discípulos o que deviam fazer quando fossem levados à presença das autoridades".

Olhei-o por um momento — e então lembrei-me da recomendação incitante de Jesus:

> Quando vos conduzirem às sinagogas, perante os principados e as autoridades, não fiqueis preocupados como ou com o que vos defender, nem com o que dizer: pois o Espírito Santo vos ensinará naquele momento o que deveis dizer (Lucas 12:11, 21).

"Ahn", repliquei, "é uma estratégia de defesa muito arriscada".

"Não é, não. Confie em seu coração, respire normalmente", aconselhou Watts. "Deixe que as coisas aconteçam — há algo mais elevado agindo aqui."

Momentos depois entrei na sala de exame e defrontei as doze figuras de autoridade que haviam tomado para si a atribuição de julgar-me. Se entendessem que minhas crenças violavam a teologia da igreja, poderiam exonerar-me da função de ministro e até afastar-me por completo do quadro de membros da igreja. Durante mais de duas horas fui crivado de perguntas que esquadrinhavam minhas convicções, minha fé, minhas atitudes e ações religiosas. O pastor sênior de minha igreja em San Rafael me havia acusado de várias supostas heresias: ensinar crenças budistas e hinduístas em meu grupo de estudos bíblicos; ensinar secretamente hatha yoga e meditação no budismo tibetano a meu grupo de jovens; e, além disso, de recomendar a uma senhora, numa sessão de aconselhamento, que abandonasse a convicção de que ela era uma pecadora incorrigível que necessitava da morte de Jesus na cruz para salvá-la do fogo eterno do inferno.

> **Para coroar tudo isso, surgiu uma Bíblia minha, cujo Novo Testamento eu havia percorrido e grifado em amarelo todas as declarações que, segundo meu coração me assegurava, Jesus havia proferido, e havia eliminado todas as que eu não atribuía a Jesus, mas a acréscimos teológicos dos primeiros discípulos e organizadores dos textos.**

Para a Igreja Presbiteriana, isto era, sem dúvida, blasfêmia — como ousava eu escolher as palavras da Bíblia! Durante semanas estive preparando um argumento teológico infalível para provar que minha abordagem incomum do cristianismo não era blasfêmia, mas, sim, uma nova maneira de ser cristão. Eu tinha a mente repleta de citações da Bíblia e de grandes teólogos cristãos para apoiar meu argumento. Entretanto, quando abri meu coração e deixei o Espírito falar por meu intermédio

— opa! — nada daquela defesa contestadora e gratificante para o intelecto me saiu dos lábios.

Em vez disso, rendi-me a um intenso bem-estar interior ao declarar sinceramente que meu embasamento de cristão tinha menos que ver com qualquer coisa escrita na Bíblia e mais com experiências espirituais de Jesus e de Deus que me ocorreram durante a meditação. Eu adorava os aspectos místicos e contemplativos da história da igreja e usava a Bíblia principalmente para encontrar indícios que me conduzissem a uma comunhão mais profunda com Deus. Não me interessava a teologia de *per se* porque teologia significa "pensar a respeito de Deus" em vez de abrir o coração para sentir Deus diretamente.

Os examinadores não estavam gostando do que ouviam. Um deles se pôs a fazer-me um breve sermão acerca de que o fundamento do cristianismo era a coerente Palavra de Deus escrita na Bíblia, e não vagas sensações do coração, que podiam ser induzidas com a mesma facilidade pelo Diabo assim como pelo Espírito Santo. Eles continuaram questionando-me, principalmente sobre uma dissertação que eu produzira no seminário intitulada "O culto sacerdotal na história das religiões," um ensaio bastante sedicioso em que eu atacava com veemência a disposição de líderes religiosos históricos para exercer a autoridade pelo medo, pelo julgamento e por manobras de poder, em vez de amor, aceitação e prestação de serviços com humildade.

Sim, respondi sinceramente, abalou-me, sim, o fato de que o culto sacerdotal de minha própria religião cristã ordenara a execução na fogueira de mais de sete milhões de mulheres durante a Inquisição tão somente porque essas mulheres se recusavam a acreditar no que os sacerdotes exigiam.

Além do mais, incomodava-me que, com a Guerra do Vietnã correndo solta na época, a maioria dos cristãos apoiava o combate em vez de bradar contra ele. Jesus disse muito claramente que déssemos a outra face e amássemos nossos inimigos, no entanto a igreja cerrava fileiras em torno da causa violenta de sua mais nova guerra santa contra infiéis. Eu era jovem, senti-me abalado, dei vazão a meus sentimentos.

Por último, fizeram-me perguntas sobre conversas que eu havia mantido com várias pessoas em minha igreja a respeito de Maria Madalena e o relacionamento dela com Jesus. Eu estava consciente de que devia conter a língua no tocante a esse tema, mas ao contrário peguei-me expressando aquilo em que acreditava com convicção: a tradição cristã havia sido sempre patriarcal e carente de equilíbrio, e que a única solução no meu entender era restaurar Maria Madalena a uma posição de proeminência espiritual equivalente à de Jesus.

Alguns anos antes, no seminário, bem tarde da noite, eu tivera uma visão (de que tomei nota na manhã seguinte, nota essa da qual o tribunal agora tinha uma cópia considerada prova extremamente condenatória) na qual Jesus e Madalena eram amantes e parceiros espirituais iguais.

> Confessei aos doze juízes que sim, quando medito e abro meu coração à presença de Jesus, também frequentemente sinto a presença de Maria Madalena como a metade feminina que dá equilíbrio à equipe espiritual.

Essa minha transformação particular da trindade cristã totalmente masculina num grupo espiritual de quatro pessoas compreendendo ambos os sexos foi, evidentemente, considerada heresia absoluta. As doze togas pretas tinham ouvido o suficiente. Retiraram-se para julgar o meu caso. Permaneci ali possuído de uma estranha sensação de tranquilo consentimento, e não me abalei nem um pouco quando o tribunal encerrou com um longo discurso formal de que eu tinha sido julgado como segue: "De acordo com a doutrina da igreja, não apenas devia eu não ser considerado nem aceito como presbiteriano; eu não era sequer cristão, mas, sim, um pagão panteísta budista hinduísta que se recusava a aceitar Jesus como meu Senhor e Salvador".

Portanto, dali em diante, segundo a declaração do tribunal, eu não tinha o direito de me considerar cristão. Devia ser impedido de receber a comunhão e tinha de ser afastado do meu cargo de ministro; meu nome seria eliminado da lista eclesiástica dos crentes verdadeiros. Para todos os efeitos, eu estava excomungado da igreja.

A vida para além dos limites da igreja

Que impacto — de súbito ser demitido formalmente do rebanho querido! Toda a minha vida, o círculo de minha igreja e comunidade tinha ocupado o cerne de minha rotina social e meu senso de pertencimento. Agora, de repente, eu tinha sido banido desse círculo, a menos que me arrependesse, mudasse minhas crenças, negasse a realidade espiritual que conhecia em meu íntimo e me submetesse aos homens de preto.

"Que estranho", comentei com Alan posteriormente enquanto tomávamos uma taça do que ele chamou de nosso vinho da celebração, "não sou mais cristão, mas ainda sinto a presença de Jesus no coração".

Alan ergueu a taça com um sorriso: "Você disse a verdade, e a verdade o libertou. Bem-vindo ao Clube dos Excluídos — na verdade você vai descobrir que é muito mais interessante".

Bem, durante algum tempo senti falta da sensação de fazer parte de um grupo mais amplo. Nas manhãs de domingo, ao me levantar, sentia-me um pouco perdido. Entretanto, à medida que se passavam as semanas e os meses e eu mergulhava na nova vida de interno no incipiente American Film Institute, escrevendo entusiasmado roteiros encharcados de conteúdo espiritual, minha experiência interior aprofundava-se em esferas que eu jamais imaginara.

> Foi um grande alívio sentir-me finalmente livre para acreditar (ou não acreditar) no que eu quisesse. Pela primeira vez na vida eu estava em condições de examinar qualquer experiência espiritual que viesse ao meu encontro, sem medo de violar crenças que eu tinha obrigação de apoiar dogmaticamente.

Também fiz algo que a maioria das pessoas fazem quando são expulsas de um grupo. Fiquei irritado com a igreja e todas as coisas cristãs, fechei meu coração a tudo quanto estivesse relacionado com a educação religiosa que eu recebera e mergulhei em outras religiões, especialmente o budismo. Cheguei a negar o valor da experiência mística na tradição cristã, alegando, como Thomas Jefferson, que não encontrava nada que valesse a pena na história da igreja.

No fundo, eu rejeitara algo essencial ao tentar livrar-me do indesejável e mantive durante vários anos o coração fechado para o relacionamento interior que eu tivera com Jesus como presença espiritual na minha alma. Em vez disso, empenhei-me em abrir o coração a Buda — e de fato descobri a existência de outras presenças espirituais que eu podia encontrar na meditação e nas quais podia confiar para obter orientação, inspiração e apoio.

E então, uma noite, eu estava sozinho em casa no meu lugar de meditação lendo os preceitos de Buda. Tranquilamente entrei no estado de meditação *vipassana*, com toda a atenção focalizada na respiração e no coração. Subitamente senti a presença de Jesus dentro de mim.

> De início, minha reação foi excluir inteiramente a presença de Jesus. Quando, porém, me percebi agindo dessa maneira, dei-me conta da colossal bobagem que estava fazendo. E foi com um pouquinho de receio que prossegui e me aventurei a ver o que aconteceria se eu me abrisse de novo à presença direta de Jesus em minha vida.

Muitas pessoas, quando se libertam da igreja, fazem como eu; isolam-se de todo e qualquer contato com tudo que estivesse associado ao cristianismo, incluindo a experiência essencial de comungar com o espírito de Jesus no coração. Por quê? Provavelmente porque temem ser sugadas de volta para aquela coisa religiosa antiquada, mas de certa maneira viciante. No meu caso, entretanto, não foi nada disso que aconteceu. A sensação maravilhosa que naquele momento me invadia o coração não estava ligada à crença cristã, nem ao dogma nem à história. O que eu vivenciava era primitivo: para além de todo dogma religioso existe uma dimensão expandida da consciência humana em que as pessoas comungam intimamente com mestres espirituais iluminados do passado que ainda vivem em espírito no eterno momento presente.

Jesus, certamente, é uma das presenças eternas principais com que podemos entrar em sintonia na meditação — ou a qualquer hora do dia. Para a nossa cultura, ele é o principal elo de ligação com a nossa fonte essencial. Como é essa experiência? Uma vez que cada novo momento é único, a experiência é, naturalmente, sempre nova. Para mim, contudo, na meditação e na oração, há uma característica especial quando volto o foco da atenção de minha mente em direção à presença de Jesus.

> **Os verdadeiros mestres espirituais são transparentes. Não estão à nossa disposição por motivos egocêntricos ou jogos emocionais mundanos; o papel espiritual deles é servir como a ligação de energia entre uma alma humana e Deus. Pelo menos, é a minha experiência. E é assim que sinto a experiência da presença de Jesus na meditação.**

Por ser eu principalmente produto de minha criação judaico-cristã e da tradição, parece-me natural abrir-me à presença de Jesus em mim e deixar que seu poder espiritual ligue-me ao Divino Supremo. Também posso dirigir meu ponto de convergência para outros grandes mestres que o amor inundará meu coração. Julgar que a experiência espiritual de um budista seja inferior à minha seria insensato e injusto. É muito importante não contestar o poder eterno e a presença de outros mestres espirituais apenas porque não são aqueles que lhe vêm na meditação. Em nossa cultura, voltamo-nos para Jesus porque ele é o nosso elo mais próximo com o divino. É o mesmo quando um budista se volta para Buda, não é? Afinal, só existe um Deus.

Desse modo recuperei a criança... não por ser um cristão "nascido de novo" nem por voltar à igreja, mas fazendo meu coração abrir-se novamente para a senda mais direta que conheço rumo ao amor e à sabedoria eternos.

Pura e simplesmente, é o sentido que dou às palavras "Jesus sem a Igreja" — ou seja, deixar de lado todas as crenças religiosas e culturais que nos distanciam da experiência fundamental de ter contato franco e sincero com Jesus.

Este é o caminho mais direto que nos leva à comunhão com a infinita presença de Deus, da qual emana o Espírito Santo, que orienta todos os atos de nossa vida — desde que nos abramos e permitamos essa orientação.

Crença *versus* experiência

As crenças religiosas são coisas curiosas. Uma observação minuciosa revelará que religião, na verdade, não passa de um conjunto de crenças específicas que, no decorrer do tempo, um grupo de indivíduos decidiu considerar sacrossantas e nelas fundamentar sua vida. As igrejas são locais onde essas crenças são ensinadas, defendidas, fortalecidas, e frequentemente impostas aos fiéis. Que crenças são essas sobre as quais se constroem as religiões? Não são mais que *pensamentos* — conceitos do intelecto, criados e preservados pela função lógico-dedutiva da mente.

Para falar sem rodeios, crença é algo que esperamos seja verdadeiro, ainda que não tenhamos certeza de sua veracidade. Quando se experimenta algo como sendo verdadeiro, já não se tem necessidade de crer que seja verdadeiro — sabe-se disso.

De maneira alguma estou negando que os cristãos tradicionais às vezes topem casualmente com experiências místicas e percepções espirituais profundas pela senda sacerdotal das convicções teológicas. Tampouco estou dizendo que todos, nem mesmo a maioria dos sacerdotes e ministros, atuais e passados, estão cientes da dissimulação e do potencial de danos inerente das crenças que eles obrigam as pessoas a aceitar. Estou dizendo, sim, que as crenças não nos colocam em união com Deus — a experiência direta é que realiza isso.

Os cristãos são ensinados a crer, por exemplo, que nascem pecadores incorrigíveis. Isso é uma crença — uma atitude muito negativa —, não um fato demonstrável. Outro exemplo de crença: a Bíblia afirma que Jesus foi morto e em seguida magicamente ressuscitou dos mortos e nesse entremeio remiu nossos pecados, mas isso também é uma crença esperançosa, não um fato empírico. De maneira semelhante, para os crentes verdadeiros, acreditar na vida futura também é apenas isso — mais uma crença. Não se sabe se é verdade — só se espera que seja.

Quando eu era um jovem que estava ingressando na igreja, ninguém conversou comigo sobre minha experiência interior da presença orientadora de Jesus em minha vida. Diziam-me tão somente aquilo em que eu devia acreditar — o que eu tinha de declarar sob juramento que acreditava, crenças que, em última análise, não passavam de conceitos grandiosos. Depois de um certo tempo, comecei a me dar conta de que, nesse sentido, religião e espiritualidade são polos opostos. Na faculdade eu havia lido em livros como *The Varieties of Religions Experience*,* de William James, que a teologia se fundamenta em crenças, que são construtos mentais; a espiritualidade, por outro lado, fundamenta-se na experiência interior direta da verdade da vida.

Além disso, a religião em geral se concentra em fatos históricos de um passado longínquo e em fantasias imaginadas de um futuro idealizado, ao passo que a experiência espiritual está sempre ocorrendo no eterno aqui e agora.

---

* *As Variedades da Experiência Religiosa*, publicado pela Editora Cultrix, São Paulo, 1992.

Posteriormente, nesta discussão, vou analisar esses pontos essenciais mais detalhadamente porque eles apontam nossa atenção precisamente na direção da senda que nos leva a libertação de crenças inibitórias, rumo a um despertar da verdadeira experiência espiritual.

Durante milhares de anos, as pessoas têm feito o máximo para tornar realidade aquilo que os sacerdotes e a Bíblia lhes dizem: acreditar com fervor a fim de chegar à salvação e à vida eterna. Os sacerdotes, igualmente, não têm poupado esforços no sentido de harmonizar suas crenças com experiências espirituais mais profundas — geralmente com parcos resultados. Ao mesmo tempo, muitas dessas pessoas tiveram experiências espirituais que revelam uma realidade bem diferente da que foram instruídas a aceitar.

Você, com certeza, tem sua própria história singular relativamente a coisas religiosas e espirituais. Compartilhei com você algumas de minhas experiências para que você conheça meus antecedentes. Pergunto a mim mesmo qual teria sido sua experiência ao longo dos anos que o teria levado a apanhar e ler este livro.

Como você lidou com suas dúvidas e perguntas? Guardou para si seus sentimentos ou é afortunado por ter bons amigos com os quais pôde discutir seus sentimentos espirituais mais profundos e perplexidades?

Neste livro, minha intenção é proporcionar-lhe bastante espaço aberto para parar e refletir sobre os temas que vimos analisando. Com este lembrete, muitas vezes faremos uma pausa ao fim de uma breve exposição para lhe dar tempo de deixar o livro de lado e verificar que descobertas, memórias, sentimentos e outras experiências lhe possam vir à superfície nesse momento novo.

Estimular e analisar esses novos sentimentos e descobertas é, provavelmente, sua razão principal para ler este livro. Minha intenção, portanto, não é apenas dar a você ideias mais amplas mas também

estimular sua experiência do aqui e agora, mais do que todas as ideias.

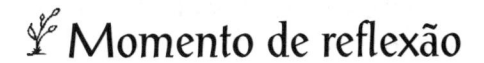

Momento de reflexão

Se for do seu agrado, prossiga neste mesmo instante e veja o que acontece se fizer uma pausa depois de ler este parágrafo, deixar o livro de lado e voltar a atenção para suas sensações interiores e reflexões espontâneas relacionadas ao que você esteve lendo. Para conseguir isso, entre em sintonia com sua respiração... abra livre curso aos sentimentos em seu coração... ouça sua serena voz interior... e seja receptivo a quaisquer pensamentos, percepções e experiências que possa ter.

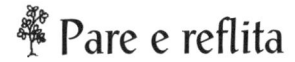

Pare e reflita

A verdade o libertará

Todos nós sabemos que é um grande aborrecimento quando alguém tenta forçar outra pessoa a acreditar nas mesmas coisas em que esse alguém acredita. Mas é isso o que toda criança enfrenta desde o nascimento — ser completamente programada pelos pais e pela comunidade para pensar e comportar-se dentro de um conjunto de crenças e valores tradicionais essenciais.

As culturas e as religiões que com elas coexistem fundamentam-se em transmitir à nova geração uma tradição antiga do que deu resultado em tempos idos. É assim que as sociedades humanas sobrevivem; a geração mais jovem é programada com as atitudes e decisões das pessoas mais velhas, e assim continua praticando essa abordagem testada e aprovada da vida. Em certo nível antropológico isso tudo é muito sensato, porque, certamente, nós nos beneficiamos muito da experiência de incontáveis gerações que nos precederam.

Porém, principalmente nestes tempos de mudanças rápidas, tenho observado, como psicólogo, que a aceitação cega de pressuposições, crenças e práticas de gerações passadas às vezes ajuda, mas pode também causar malogro e depressão pessoal, tragédias familiares e reveses econômicos.

A verdade é que as velhas atitudes e pressuposições, principalmente a respeito de como treinamos nossa mente e tomamos decisões vitais, não estão sendo de muita utilidade para nós. Grande parte da nossa tradição, até mesmo nossa programação genética, é fundamentada no medo, o que nos obriga a reagir a novas situações com pressuposições obsoletas e ações defensivas. Essa programação fundamentada no medo e que quase sempre induz à ganância, quase sempre tende à destruição do meio ambiente, conduz a conflitos sociais e várias formas de violência e, em geral, reduz nosso potencial de desfrutar uma vida satisfatória e consciente.

Logo, parece prudente refletir nas crenças com as quais fomos programados e abandonar as que já não nos servem. Com este objetivo, analisaremos neste livro maneiras explícitas de aprender a conhecer diretamente a verdade da questão; nós mesmos experienciaremos o que significa a vida e depois tiraremos conclusões condizentes.

Com relação específica ao cristianismo, mas podemos dizer também de todas as religiões nas quais um poderoso grupo sacerdotal tem tradicionalmente controlado no que as pessoas devem crer e o que devem viver no coração, está na hora de dizer, finalmente, saiam do nosso caminho. Não necessitamos que ninguém se coloque entre Deus e nós. Quando precisarmos de ajuda para estabelecer contato com o nosso Criador, preferimos nos voltar para a eterna presença orientadora de Jesus em nosso coração. Ele nos encaminhará rumo ao divino. Não há dúvida de que os verdadeiros sacerdotes e ministros espirituais que ainda se debatem dentro do sistema de crenças da igreja podem nos ajudar, mas talvez precisem cuidar de sua própria estrutura de crenças antes de oferecer ajuda a outros.

Nesta dissertação descobriremos que, quando eliminamos as dimensões religiosas de um clero manipulador implantadas nos Evangelhos e nos concentramos nos preceitos de Jesus que soam particularmente autênticos em nosso coração e em nossa alma, podemos descobrir diretrizes eficazes que nos ajudam a nos abrir para uma nova sabedoria e uma abordagem espiritual da vida centrada no aqui e agora. A meu ver, o cerne do ensinamento de Jesus — o cumprimento das profecias — era que devemos aprender a nos desvencilhar do passado, ir além das teologias, deixar de lado os sacerdotes e nos render à orientação direta de nossa sabedoria espiritual mais profunda. É assim que nos tornamos criaturas verdadeiramente novas nesta Terra — pela ação intensa e consistente motivada pelo amor, não pelo temor.

> Nos Evangelhos, Jesus pronunciou duas ordens negativas: "Não temais" e "Não julgueis". Está na hora de tratar esses dois preceitos com muita seriedade e aprender psicologicamente a seguir suas recomendações essenciais para treinar nossa mente e as emoções nessa direção sensata.

Igualmente, um dos preceitos mais enérgicos de Jesus que vamos examinar em profundidade é "Conhecereis a verdade, e a verdade vos libertará" (João 8:32). É de notar que ele não disse *pensareis sobre* a verdade ou *acreditareis na* verdade. Ele disse especificamente, "*Conhecereis a verdade*". Para mim, esse "conhecereis" significa deixar de lado pressuposições, preconceitos, atitudes e crenças pré-programadas o tempo suficiente para vivenciar diretamente a realidade na qual vivemos. Neste livro vamos examinar o mais eficiente processo de meditação universal para fazer isso.

Todas as culturas evoluem conforme as gerações vêm e vão. Eu gostaria de compartilhar com o leitor minha interpretação de que nossa cultura cristã está agora evoluindo rapidamente, em muitos corações, para tornar-se algo inteiramente novo e profundamente promissor e belo. Há dois mil anos, Jesus nos desafiou a descartar o que é velho e nos entregarmos ao novo — a abandonar as crenças e promessas do culto sacerdotal baseadas no medo e, como substitutivo, abrir o nosso coração diretamente... para vivenciar o amor, a sabedoria, a orientação e o poder que afluem ao nosso ser quando aquietamos nossa mente e nos tornamos um só com o Criador.

Vejamos como podemos usar os ensinamentos de Jesus como chaves experimentais para nos abrirmos para essa realidade mais ampla. Para além das limitações do cristianismo tradicional, num radiante novo espírito pós-cristão, permitamos que a eterna presença de Jesus nos guie, dê sustentação à nossa análise e estimule nosso despertar espiritual e culto.

A nova comunhão

Ao que parece, nos dias que se seguiram à morte de Jesus, os doze (ou perto disso) homens predominantes que haviam sido seguidores de Jesus assumiram o comando. Durante algumas centenas de anos, desenvolveu-se uma teologia fundamentada em conceitos sobre qual tinha sido o significado da vida de Jesus, do que resultou um sistema de crenças escritas do tipo autoridade institucional para assumir o lugar da tradição oral e do evangelho vivo.

> Em vez de manter a ênfase na experiência incessante de Jesus no coração deles, os teólogos esforçaram-se por fixar tudo em relatos escritos de crença e teologia. E fizeram tudo isso no contexto de um pano de fundo que incluía a língua grega, a atmosfera religiosa romana e um vigor intelectual geral.

Durante trezentos anos após a morte ou o desaparecimento de Jesus, sua história e seus ensinamentos fragmentaram-se em mais de cem seitas e teologias diferentes. No século V, convocou-se uma conferência religiosa de grande importância. Os sacerdotes e as seitas cristãs preponderantes dominaram a assembleia e conseguiram descartar pelo menos uma dezena de evangelhos divergentes dos ensinamentos e propósitos de Jesus. Foi decretado que, para todo o sempre, somente os quatro evangelhos que mais comprovassem as crenças e rituais dessa maioria seriam considerados a palavra de Deus — e assim nasceram o Novo Testamento e a Igreja Católica.

Mil e duzentos anos sangrentos mais tarde, depois da Inquisição, na qual o grupo sacerdotal da Igreja Católica comandou uma caça às bruxas que assassinou mais de sete milhões de mulheres inocentes em nome de Cristo, os protestantes que então surgiam rebelaram-se contra os católicos e iniciaram um novo movimento religioso com uma estrutura política diferente, mas que essencialmente tinha a mesma teologia e o mesmo domínio sacerdotal masculino. Sem demora, as guerras religiosas europeias começaram a irromper e outros milhares e milhares de pessoas foram mortas em nome de Cristo.

Atualmente temos novas guerras religiosas. Ainda que Maomé e Jesus pertencessem à mesma linhagem e tradição aramaicas, ainda que Maomé afirmasse claramente que respeitava e reverenciava espiritualmente Jesus e os profetas judeus, não demorou muito e os cristãos começaram a guerrear contra os muçulmanos, principalmente nas Cruzadas, quando atacaram impiedosamente os muçulmanos. Muitos destes jamais esqueceram as Cruzadas.

> **O cristianismo e o judaísmo continuam lutando contra o islã. Parece que é chegada a hora de nos comunicarmos e permitir que o Espírito nos guie no momento presente. Podemos realizar isto através de uma nova leitura dos preceitos atribuídos a Jesus nos Evangelhos e de uma abordagem nova e mais meditativa para entrar em comunhão com nossa mais profunda natureza espiritual [...] e finalmente com Deus.**

A Santa Comunhão na igreja — católica, protestante ou independente — sempre se concentrou em representar novamente a versão cristã do sacrifício de sangue. A comunhão é uma cerimônia em que os crentes verdadeiros provam sua fé e dedicação ao Cristo comendo cerimonialmente sua carne e bebendo seu sangue. Curiosamente, esse sacrifício ritual é uma regressão a cerimônias religiosas muito mais primitivas, de milhares de anos atrás, quando membros de tribos comiam seus nobres adversários de guerra a fim de ingerir e adquirir a força e a bravura da pessoa que estavam comendo.

Mesmo quando ainda bem jovem, eu considerava grotesco o ato imaginário de canibalismo da comunhão. Quando fui expulso da igreja, foi um alívio não ter mais de me obrigar a cumprir a cerimônia. Em vez disso, comecei a refletir sobre a palavra "comunhão" e o que significa realmente comungar com o espírito de Jesus.

> **Descobri que quando mantinha resolutamente a atenção da minha mente no espírito de Jesus em meu coração, eu vivenciava minha própria comunhão com ele e, por extensão direta, com Deus. Enquanto eu permanecia naquele estado de comunhão pessoal, e não ritualista, lampejos intuitivos me afloravam no coração e na mente.**

Este livro trata desses lampejos intuitivos e também do processo meditativo que cria a paz e a quietude interiores em que a comunhão franca e íntima com Jesus não somente é possível como também fácil e profundamente recompensadora.

Permita-me delinear sucintamente aqui o fluxo de nossas argumentações neste livro. Tenha sempre presente que minha intenção não é apresentar uma nova teologia, mas, sim, voltar nossa atenção para novas maneiras de abordar nossa tradição comum, a fim de que possamos abandonar crenças e pressuposições existentes, ser livres para conhecer as verdades mais profundas de nossa tradição e comungar com a presença, o poder e a orientação ainda vivos desse ser espiritual chamado Jesus.

Primeira parte: Descobrir o novo Jesus

Esta primeira seção de nossa discussão examina sete escolhas cruciais que determinam como abordamos nossa tradição espiritual e sentimos a presença de Jesus em nossa vida. Em cada um dos capítulos mostrarei que a igreja cuidou de conduzir nossa *mente* a fazer essas escolhas fundamentais; em seguida apresentarei escolhas alternativas, amplamente apoiadas pelas palavras de Jesus nos Evangelhos. Esta seção introduz tempo e espaço para um processo de reflexão inicial em que proponho caminhos espirituais alternativos e deixo a escolha a critério do leitor.

> **O leitor descobrirá que, enquanto fixar por hábito sua atenção em crenças teológicas limitantes, não estará livre para abrir-se e conhecer diretamente a verdade maior da questão. É por isso que precisamos avaliar conscientemente nossas crenças atuais e depois descartar algumas delas se julgarmos que se colocam entre nós e Deus.**

Segunda parte: Viver o novo relacionamento

Durante muitos anos, sete preceitos fundamentais de Jesus têm ecoado tão alto, tão claramente e de maneira tão verdadeira em minha vida e em minhas meditações que se tornaram o sustentáculo de minhas meditações quando concentro minha atenção em Jesus. Os sete breves capítulos desta seção se aprofundam em cada um destes preceitos, dando ao leitor uma série consistente de frases do Mestre que atuarão no sentido de concentrar a atenção da mente diretamente onde Ele mais recomendou. Esses ditames vêm do coração, ecoam através da alma e nos guiam para um encontro direto com nossa sabedoria e nosso despertar divinos.

Terceira parte: Vivenciar a nova meditação

A essa altura do livro estaremos prontos para entrar no processo de meditação propriamente dito. Este surge naturalmente daquilo que vimos examinando, até agora, dos preceitos meditativos de Jesus. Emprego aqui a palavra "meditação" no sentido secular, não esotérico: aquietação da mente e abertura do coração ao encontro e experimentação diretos com a luz e a sabedoria divinas e com o influxo da presença de Deus em nossa consciência individual.

É uma nova forma de prece, fundamentada não em ideias, nem em teologia, tampouco em crenças, mas no ato de abrir o coração, a mente e a alma para a sensação franca e íntima de estar em profunda comunhão com Deus.

Auxílio e orientação extras

Espero que o leitor julgue as argumentações e o novo processo de meditação deste livro sobremaneira recompensadores.

Palavras ajudam a dirigir nossa atenção em direções recompensadoras, mas o mentor sensato sabe quando permanecer em silêncio e colocar-se de lado de maneira que o aluno fique completamente em liberdade para comungar, a seu próprio modo, com sua realidade espiritual mais íntima. Quando chegar à última página deste livro, você estará preparado para agir por si mesmo, enquanto estuda e explora a comunhão e a jornada permanente com o Criador. Sou-lhe grato por me permitir que seja seu guia na abordagem desta experiência suprema. Que você receba graças perpétuas na sua jornada à sua fonte!

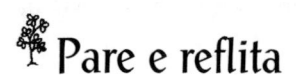

Momento de reflexão

Seria bom você fazer uma pausa agora, deixar o livro de lado... harmonizar-se com sua respiração... e seu coração... e refletir sobre o que falamos até agora. O que pensa disso tudo? Será uma blasfêmia a ser evitada, ou libertação a ser estimulada dentro do seu coração?

Pare e reflita

Primeira parte

Descobrir o novo Jesus

Nesta primeira seção vamos examinar o que acontece quando deixamos de sustentar arraigados *conceitos e atitudes antigos sobre* Jesus e Deus, e em lugar disso voltamos a atenção para a *experiência direta* da presença e da sabedoria de Deus — bem aqui neste presente momento.

> Existem sete escolhas fundamentais sobre as quais refletir se desejar livrar-se do controle cultural programado e descobrir a realidade de sua relação com Jesus e Deus no presente momento. Estes primeiros capítulos propiciam um exame dessas escolhas.

Esta primeira parte, escrita num tom um tanto provocativo, desafia o leitor a cogitar a possibilidade de que um certo número de doutrinas da igreja estão em oposição à lógica psicológica e são francamente malsãs. Na segunda e na terceira parte, examinaremos o processo de reflexão autêntico fundamentado nos ensinamentos de Jesus sobre meditação, que permitirá ao leitor "conhecer a verdade" que o libertará.

Descobrir o novo Jesus

1

Do Cristo... a Jesus

A primeiríssima escolha que vamos examinar é também, provavelmente, a mais desafiadora para aqueles que, na infância, gravaram fortemente na memória crenças e dogmas cristãos tradicionais. Na possibilidade de escolha, preferirá o leitor passar sua vida espiritual concentrado no conceito teológico do Cristo como uma *crença* simbólica em sua mente ou na *experiência* real de Jesus como uma presença espiritual em seu coração?

Os psicólogos descobriram que é impossível manter o foco da atenção simultaneamente numa ideia ou pensamento (uma função passado-futuro da mente) e numa experiência (uma função momento presente). Tem de haver uma escolha entre crenças (ideias) e experiências interiores reais. As crenças cristãs muitas vezes opõem-se às experiências espirituais que temos quando nos concentramos em nossas mais profundas esferas místicas e intuitivas do ser. Assim, sem dúvida, temos de escolher entre conservar nossas crenças tradicionais relativas ao Cristo ou libertar-nos delas a fim de acolher Jesus plenamente em nosso coração.

Se o leitor é semelhante à maioria das pessoas de nossa cultura, é natural que tenha absorvido muitas imagens, ideias e pressuposições com relação a Jesus durante os anos de infância e adolescência. Provavelmente terá uma impressão geral, ainda que um tanto vaga, da vida dele como figura histórica. Pode ser que se recorde de preceitos que, supõe-se, ele teria pronunciado. É provável que conserve uma imagem de seu rosto, ou de seu corpo na cruz, oriunda de desenhos e pinturas que viu. Nos dias de hoje, é possível que tenham sido ferreteadas no seu cérebro imagens provenientes de uma recente versão cinematográfica quase pornograficamente violenta da vida e da paixão desse homem.

> **Em nossa vida espiritual, será que essas imagens e imaginações ajudam a encontrar a presença viva de Jesus em nosso coração? Minha experiência diz que todas essas fantasias sobre Jesus constituem um obstáculo a que abramos de verdade nosso coração para sentir e vivenciar a presença dele diretamente.**

À medida que prosseguir a leitura deste livro, confio em que você venha a discernir o que suas imagens realmente são — controle programado indireto — e que comece a transferir sua atenção para longe das fantasias, para concentrá-la no contato experiencial com aquilo que se encontra além das imagens.

A maioria de nós também tem uma grande variedade de ideias e conceitos, crenças e filosofias a respeito de Jesus, não como uma pessoa espiritual, mas como um conceito religioso ideal denominado o Cristo. Da mesma maneira, essas ideias e crenças podem contribuir para afastar as pessoas da experiência autêntica de sentir o espírito de Jesus em sua vida. As citações dos Evangelhos podem ser classificadas em dois grupos distintos: os preceitos que produzem a sensação de provir do Jesus humano falando com sinceridade; e aqueles que parecem pronunciados por um Cristo simbólico e ideal, e visam a estabelecer doutrina teológica e dogma religioso.

> **Quando concentramos a atenção de nossa mente em Jesus, percebemos que essa concentração se dá numa experiência vital e sincera, sentida no momento presente, agora. Quando nos concentramos no Cristo, percebemos que nos afastamos da experiência e entramos na modalidade racional da consciência. É quando nos fixamos em pensamentos religiosos que, frequentemente, existem sem nenhum sentimento ou compromisso do coração.**

Conforme veremos, principalmente na última seção de meditação do livro, a escolha de onde concentrar a atenção — em "experiência" ou em "conceito", em Jesus ou no Cristo — vai decidir o tipo de experiência espiritual que a pessoa terá, ou não terá. E essa escolha é inevitável. Se a pessoa preferir concentrar-se em conceitos, vai permanecer no mundo cristão tradicional. Se escolher a *experiência* espiritual inspirada, vai encontrar-se na nova era de Jesus, denominada modo de vida pós-cristão. Mas não pense o leitor que terá de fazer essa escolha agora — nossa investigação está apenas começando.

Encontrar Jesus — de verdade

Ao que tudo indica, Jesus foi, sim, uma pessoa histórica, que viveu, ensinou e morreu — e sabe-se lá o que mais — por volta de dois mil anos atrás, em Jerusalém e arredores. Desde então, sua presença espiritual eterna tem impregnado corações e almas que se abriram para uma comunhão direta com ele em profundas dimensões espirituais de consciência.

Conforme se sabe, muito pouco pode ser constatado a respeito do homem histórico Jesus. Sabemos que ele de fato existiu e que compareceu perante as autoridades, mas isso é quase tudo o que podemos encontrar fora da Bíblia. Ele era um jovem judeu que deu origem a um grande número de seguidores e depois foi executado, como o foram centenas de outros jovens judeus em Jerusalém e imediações há dois mil anos — muitos deles por comandar insurreições e afirmar ser o grande líder ou Messias que iria finalmente livrar Israel dos exércitos de Roma.

O fato seguinte do qual temos conhecimento histórico é que, entre 10 e 20 anos depois da morte de Jesus ou talvez desaparecimento, vários grupos religiosos que o reivindicavam como senhor e salvador estavam começando a se formar. Meteram-se em dificuldades com as autoridades e foram por isso citados cada vez com maior frequência em relatos históricos gregos e romanos. De fato, afigura-se que o Jesus histórico era um homem que tinha um impacto radical naqueles que o seguiam.

Era também um líder cuja presença, de uma maneira ou de outra, continuava sendo sentida não apenas por seus seguidores diretos mas também por outros que tomaram conhecimento de sua vida e seus ensinamentos e podiam percebê-lo no coração, mesmo décadas depois de ele haver morrido.

Sem dúvida, algo de profunda qualidade espiritual permaneceu após a morte do homem Jesus, e essa presença espiritual incessante continuou a tocar o coração e a vida de tanta gente que novas teologias, comunidades e conflitos começaram a criar raízes e jamais seriam permanentemente suprimidos.

No decorrer das gerações posteriores, vários relatos escritos apareceram, mais de 20 ao que sabemos, denominados Evangelhos de Jesus Cristo. Esses textos nos permitem conhecer um pouquinho do Jesus histórico. E nosso coração e nossa alma nos ensinam que a presença espiritual permanece. Se o leitor não sente este encontro interior direto com Jesus em seu coração, as meditações no fim do livro lhe proporcionarão a oportunidade.

Este livro ou o método de meditação não pretende de maneira alguma "impingir Jesus". Não sou fanático de Jesus e não tenho necessidade nenhuma de forçar outras pessoas a seguirem no rumo daquilo que estou pesquisando. Todos nós temos nossas sendas para explorar espiritualmente. Escrevi este livro sem nenhuma intenção de pressionar os leitores que por esta ou aquela razão se sentem inclinados a voltar sua atenção meditativa para a presença que mais comumente denominamos Jesus.

Eis o Cristo

Agora chegamos a algo inteiramente diferente do Jesus histórico e espiritual: o termo que finalmente tive de abandonar a fim de acolher minha experiência espiritual profunda. Jesus, quase com certeza, *não* era denominado o Cristo quando estava na Terra. O termo "Cristo" nem sequer existia no idioma que Jesus falava. É um elevado conceito religioso grego que evoluiu diretamente do conceito hinduísta, de Krishna, mais antigo, na língua sânscrita da Índia. Em ambas essas tradições religiosas, desenvolveu-se a ideia de um deus que veio à Terra salvar-nos de nossa inerente natureza animal e elevar-nos a um nível mais alto de existência. Foi somente após a morte de Jesus que as pessoas começaram a pensar que ele talvez fosse o Cristo.

Quando eu estava no seminário, estudei os quatro Evangelhos em profundidade procurando uma certeza final a respeito de Jesus. Queria saber se ele era o Cristo ou se simplesmente esse título radical tinha sido adicionado à sua memória após sua morte. Mas quanto mais eu consultava a Bíblia, menos veracidade sólida eu encontrava.

> Nesse contexto, é importante observar que nem uma única palavra que Jesus pronunciou em seu dialeto nativo, aramaico, foi anotada, pelo menos que seja do conhecimento de estudiosos da Bíblia. A princípio, as palavras que ele falou foram transmitidas oralmente às gerações seguintes. Depois alguém começou a coletar esses preceitos e os anotou — em grego.

O primeiro Evangelho a ser escrito, pelo menos até onde sabemos, foi o Evangelho de Marcos; o consenso geral é de que isso ocorreu 60 a 70 anos após a morte de Jesus. É de notar que o termo "cristão" nunca seja mencionado nesse Evangelho. E a palavra "Cristo" só aparece quatro vezes ali, impondo, a cada vez, sempre de maneira muito óbvia, um dos pontos teológicos principais de Marcos. Em geral, Jesus era chamado mais exatamente de o Messias. Esse era um termo hebraico bem diferente do grego "Cristo", visto que os judeus em Israel previam um salvador histórico que os libertaria das forças militares romanas de ocupação.

Quando a multidão bradava a Jesus que ele era o Messias, com certeza não estava se referindo a um conceito filosófico estrangeiro, mas sim a esse ser humano bastante concreto que ia levar seu povo à vitória contra os romanos. Sessenta anos mais tarde, porém, quando a história de Jesus foi finalmente escrita, em grego, o termo *Messias* foi habilmente traduzido por "Cristo".

À época em que finalmente o Evangelho de Marcos foi escrito, já existiam numerosas seitas de Jesus — cada uma delas com sua opinião teológica distinta sobre quem fora Jesus e o que significavam simbolicamente, do ponto de vista religioso, a vida dele e a ressurreição dentre os mortos. Permita-me apresentar-lhe um breve trecho de uma carta muito antiga referente à elaboração do Evangelho de Marcos, de modo que possa ver como os textos que tendemos a considerar sacrossantos foram, na verdade, desde o começo, escritos com a finalidade de forçar a aceitação de uma diretriz partidária específica.

O que se segue abaixo é parte de uma carta de Clemente de Alexandria "para Teodoro" relativamente às origens do Evangelho de Marcos. Essa carta antiga foi descoberta por Morton Smith em 1958, quando este, estudante de pós-graduação na Universidade de Colúmbia, estava catalogando o acervo de manuscritos do Mosteiro de Mar Saba, no sul de Jerusalém:

> No tocante a Marcos, escreveu os feitos do Senhor durante o tempo em que Pedro esteve em Roma; na verdade, não registrou tudo, nem fez insinuações aos mistérios. Em vez disso, escolheu as coisas que julgou aumentariam a fé dos que recebiam os ensinamentos. Das coisas que ele se lembrava ter ouvido de Pedro, suplementou seu livro com os detalhes apropriados. Não revelou o que não deve ser discutido. Acrescentou certos preceitos que sabia iniciariam os ouvintes no mais íntimo refúgio da verdade.

Conforme a observação, até mesmo nesse primeiro Evangelho dos ensinamentos de Jesus há reconhecidamente muita coisa omitida e considerável manipulação do texto visando ao objetivo específico de ensinar aos fieis uma teologia determinada. Para mim, as palavras-chave dessa carta com relação aos preceitos anotados de Jesus são as seguintes: *"Acrescentou certos preceitos que sabia iniciariam os ouvintes no mais íntimo refú-*

gio da verdade". Quais em Marcos são esses "certos preceitos" de Jesus? Esforcei-me ao máximo para identificar nos Evangelhos essas citações específicas que parecem mais convincentes no sentido de proporcionar acesso direto a Jesus, como um conduto espiritual para "o mais íntimo refúgio da verdade".

Impingindo o Cristo

O número de vezes que o Cristo é mencionado nos Evangelhos vai aumentando à medida que se passa de um para outro na sequência histórica em que foram escritos. O último Evangelho, o de João, tem o maior número. O termo aparece só quatro vezes em Marcos e 20 vezes em João. Em vez de focalizarem o Cristo abstrato, simbólico, os quatro livros focalizam principalmente Jesus, não como um arquétipo religioso simbólico, mas como um mestre humano que contava histórias de como conduzirmos nossa vida da melhor maneira.

Na verdade, Jesus só se tornou o Cristo em sua morte e na ressurreição — quando "demonstrou" seu mérito místico e tornou-se o símbolo central do cristianismo. Quando passou de uma experiência do coração a uma ideia inebriante. Nos anos que passei no seminário, tinha de ler, volume após volume, textos teológicos que discutiam o significado do termo "Cristo" e as crenças que eu devia ensinar aos membros da minha congregação a esse respeito.

Porém, mesmo na Bíblia, tudo o que é dito da ressurreição de Jesus é mencionado apenas em vários relatos muito breves e questionáveis. O evento central da ressurreição e as aparições físicas transcendentais depois da crucificação ocupam menos de uma página em todo o Novo Testamento. É com efeito surpreendente que todo o sistema de crença cristão e a igreja tenham sido construídos fundamentados em relatos tão escassos.

Jesus, ao que parece, foi uma pessoa que alcançou a iluminação e continua como presença espiritual a nos tocar o coração e guiar nossa vida mais profunda. Mas Cristo como conceito é algo totalmente diferente. O Cristo é uma ideia radicalmente ampla e poderosa, porque nela estão a convicção e a promessa de que Jesus se tornou o Cristo e, assim, simbólico como um salvador pessoal enviado por Deus para libertar, para sempre, os verdadeiros fiéis de sua natureza irremediavelmente pecaminosa e dar-lhes a vida eterna para todo o sempre, amém.

É uma promessa colossal — libertação definitiva e eterna da morte, proteção plena contra as forças do mal, garantia de livramento da extinção do nosso ego e talvez até do nosso corpo físico...

Entretanto, juntamente com essa promessa, vem uma exigência fundamental certa. É necessário entregar a alma a esse sistema de crenças. É necessário curvar-se perante Cristo como nosso Senhor e concordar em aceitar todos os dogmas teológicos que acompanham a promessa. Não há meio-termo na teologia cristã: ou se é a favor de Cristo, ou contra ele. Desde as origens mais remotas da igreja, seus sacerdotes postularam essa dualidade geradora de conflitos. Se o indivíduo optar por não se filiar à organização deles e não obedecer a suas máximas, automaticamente torna-se inimigo. Não apenas isso. Também está condenado ao castigo eterno e ao fogo do inferno.

Quando se observa de fora e pergunta sem parcialidade por que o cristianismo se tornou uma força tão poderosa na história da humanidade, é muito fácil responder à pergunta com uma propensão negativa. O cristianismo tem sido tão bem-sucedido em recrutar membros para sua organização porque ocorre de ter o melhor argumento de vendas da história — com exceção talvez dos muçulmanos, que também dão de quebra 90 virgens quando alguém chega ao céu.

Na transação cristã, se o indivíduo conseguir se convencer a acreditar que é um pecador incorrigível e que um ser humano maravilhoso, um semideus, sofreu terrivelmente e morreu por sua causa, então, o ato de aceitar todo esse roteiro o livrará de enfrentar a destruição de seu ego.

> Todo mundo tem medo de morrer e, se aceitarmos o dogma teológico dos sacerdotes cristãos, evitaremos todo o problema da morte. Assim o indivíduo se consolida na crença de que seu ego irá para o céu — onde a vida é eterna e perfeita e pode-se viver para sempre.

É claro que há outras crenças vinculadas que também têm de ser aceitas — que Jesus, o Cristo, foi concebido pelo próprio Deus, que desceu à Terra de alguma maneira e manteve relações sexuais com uma moça judia chamada Maria, criando assim um ser único, meio-Deus, meio-humano. É necessário crer que Deus todo-poderoso tem personalidade masculina e está empenhado em combate celestial com um de seus anjos decaídos chamado Satanás — o qual pode agarrar as almas e mandá-las para o fogo do inferno eterno, se as pessoas não forem bem cuidadosas com relação àquilo em que acreditam e ao tipo de experiências que permitem à mente e ao coração.

Além disso, para ser cristão, o indivíduo precisa se convencer a acreditar que algo que ocorreu há dois mil anos numa cultura inteiramente diferente da sua decide diretamente o destino das pessoas no momento presente. O indivíduo tem de fundamentar sua vida religiosa atual em apenas um único documento histórico, a Bíblia, e assim fazendo, adotar a tradição religiosa de uma tribo semita porque o Antigo Testamento dessa tribo é tido como a Palavra de Deus. É necessário crer que toda palavra da Bíblia é a sagrada Palavra de Deus e de maneira nenhuma sofreu influência das crenças, sutilezas e jogadas de poder da multidão de escritores e preparadores de texto do livro.

Se a pessoa conseguir engolir toda essa doutrina (e muito mais), só então alcançará o perdão para sua natureza pecaminosa, acesso especial ao amor de Jesus, o Cristo, comunhão com o seu Criador, e uma salvação que inclui libertação da própria morte.

Infelizmente, persiste sempre a dúvida na mente de cada fiel de que talvez não exista nenhum céu e assim, quando a morte chegar, talvez seja o fim. Mais assustador ainda é o temor de que sua fé não seja suficientemente forte, de que as dúvidas que o assaltam possam dominá-lo e, quando cair em desgraça, o próprio Diabo estará lá para agarrar-lhe a alma e lançá-la no caldeirão fervente do inferno para todo o sempre.

Esse é o constante argumento de vendas que se consolidou ao redor dos ensinamentos originais e da presença espiritual de Jesus. Como ministro, era isso que eu devia vender e, por ter sido criado nessa fé, sem dúvida que tentei. Porém, quando amadureci e comecei a examinar minha própria experiência espiritual, percebi que aquilo ia fazendo cada vez menos sentido para mim. Minha experiência interior de Jesus no coração e na alma não tinha nada a ver com as crenças no Cristo.

> **O cristianismo se assenta em nossos temores completamente humanos da morte — e na promessa da classe clerical de escaparmos à morte aceitando e apoiando (mesmo com violência) esse sistema intelectual de crenças.**

De maneira alguma estou negando a existência de uma vida futura. Tenho um forte pressentimento de que há algum tipo de vida além da morte. Só estou dizendo que é um golpe baixo atrair pessoas para determinada igreja com o pretexto de que ela tem a única chave para a eternidade.

O próprio Jesus

O homem Jesus foi um ser humano espiritual plenamente realizado, uma pessoa que de algum modo descobriu sua verdadeira natureza espiritual e inseriu-se por completo nela e em sua unidade com Deus. Depois incentivou seus discípulos a fazer o mesmo, seguindo o caminho do coração. Esse ser humano morreu e ingressou numa esfera espiritual em que sua presença ainda pode ser vivida diretamente.

Segundo minha experiência, mesmo sem nos comprometermos com nenhum dogma relativo ao significado da vida e da morte de Jesus, podemos aprender métodos de meditação simples que ajudam a abrir o coração para encontrar sua presença espiritual em nossa consciência individual. Sendo receptivos ao poder do amor de Jesus, podemos descobrir e despertar nossa eterna unidade com Deus.

Este é o caminho do coração que Jesus descobriu e ensinou. E não precisamos vender a alma para ingressar nesse clube — tudo o que temos de fazer é abrir o coração ao influxo do Espírito e nos entregar à orientação de Deus em nossa vida.

Essa abordagem experiencial (sensação, não pensamento) de Jesus não está de modo algum fundamentada no passado. Crer ou deixar de crer no que aconteceu há dois mil anos não vem ao caso. E não há um aspecto futuro quando se fala em abordagem meditativa de Jesus — porque quando vivemos no eterno momento presente imediatamente nos damos conta de que este é o momento, que a vida é eterna e que, ao contrário de pecadores incorrigíveis, nascemos perfeitos.

Temos a escolha de nos concentrar momento a momento nesse Jesus sentido no coração ou de seguir a direção oposta e focalizar o símbolo, a crença e o conceito do Cristo. Há sem dúvida uma forte influência para vivermos nas crenças em vez da experiência direta. Conceitos e convicções, uma vez que os aceitamos e a eles nos apegamos, oferecem certeza e firmeza muito sedutoras. As abstrações situam-se fora do tempo cronológico, portanto possuem uma sensação de permanência que vale a pena manter.

Mas há um aspecto tão negativo! Quando se vive principalmente da fé, como se espera dos cristãos, as pessoas ficam perdidas em pensamento. Não estão ligadas de coração à pulsação real da vida. Deixam de usufruir as atividades do momento presente, quando a vida realmente acontece.

As crenças são totalmente fundamentadas no passado. A experiência é fundamentada no eterno agora, que está vivo com o poder do

amor e a presença infinita de Jesus. Não se pode estar no passado e no presente ao mesmo tempo. Temos de escolher onde vamos depositar nossa aposta. O Cristo é uma ideia abstrata. Jesus é uma realidade viva. Qual será nossa escolha?

Obviamente, preferi experiência a conceito; o momento presente ao passado e ao futuro. Abri mão do Cristo porque prefiro *sentir* Jesus em meu coração como minha luz-guia a *pensar sobre* o Cristo e *crer* nele em minha mente. As recompensas em minha vida espiritual têm sido excelentes, e não tem havido aspectos negativos. Os sacerdotes e os ministros dizem-nos que devemos optar por uma orientação. Eu estou dizendo que nos desenvolveremos espiritualmente optando pela orientação contrária. E ainda não fui atingido por nenhum raio!

Mas só ao leitor cabe decidir qual escolha significa mais para ele, o que é eficaz para si — e viver de acordo com sua escolha. Este livro propõe-se ajudar o leitor a vivenciar por si mesmo o que é mais importante e real em sua vida.

Se o leitor é um cristão tradicional e fiel e leu o livro até aqui, talvez esteja prestes a gritar: "Blasfêmia!". Peço-lhe somente que olhe a mesma verdade que estou olhando e me diga o que vê. Sim, estou pensando e agindo fora da tradicional visão cristã. Felizmente, vivemos numa época histórica em que não corremos o risco de ser queimados na fogueira, como aconteceria se eu tivesse escrito este livro quinhentos anos atrás. Estamos fazendo progresso.

Momento de reflexão

Tire algum tempo para espairecer e ponha o livro de lado, a fim de refletir sobre suas sensações e pensamentos relativos a esta argumentação um tanto provocativa. Com certeza não espero que o leitor interprete tudo isto exatamente como eu interpreto. Estou simplesmente lhe contando a trajetória que percorri ao deslocar-me da satisfação centrada no Cristo e na salvação para uma abordagem da vida mais centrada no coração.

Meu objetivo é dirigir o grande poder de atenção do leitor para rumos que o levem a um contato direto com sua própria experiência de Jesus na vida... e depois deixar seu caminho livre à medida que descobre o que é real em tudo isso.

Sinta-se, pois, à vontade para refletir sobre o que leu. Permita que sua atenção se harmonize com a respiração; conscientize-se dos sentimentos de seu coração e aceite-os; e verifique os lampejos intuitivos que recebe ao refletir sobre viver sua vida, seja imerso em pensamentos e crenças sobre o Cristo, seja sentindo a presença real de Jesus em seu coração e em sua alma. Do começo ao fim, fique atento à sua respiração para que ela o mantenha no aqui e agora e, como sempre, fique receptivo a uma nova experiência!

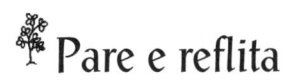

Pare e reflita

2

Do intelecto... ao coração

Comparados com outras criaturas deste planeta, nós, seres humanos, somos campeões em se tratando do intelecto. Cada um de nós nasce com um cérebro fantástico, dotado de um potencial quase miraculoso para investigar o mundo exterior e as experiências interiores — além de refletir sobre essas experiências. Não só temos a capacidade de nos conscientizar de todos os estímulos sensoriais que nos bombardeiam a mente a todo instante mas também podemos pensar, lembrar e refletir em tudo o que deparamos, de maneira que nos conscientizamos de nossa presença no mundo. Essa capacidade humana aparentemente singular de consciência reflexiva de si próprio é que torna possível a experiência espiritual.

Conforme já tive a oportunidade de comentar em vários livros, o indivíduo possui não apenas uma, mas seis funções mentais distintas, todas atuando simultaneamente (ou às vezes em desacordo uma com as outras) para produzir nossa experiência momento-a-momento.

1. Pensamento: Neste momento exato o leitor está usando sua função cognitiva intelectual para analisar as palavras que está lendo e raciocinar sobre elas.

2. Memória/Imaginação: Se minhas palavras estimulam imagens ou experiências do passado, ou imaginações de qualquer espécie, o leitor está usando uma segunda e valiosa função de seu cérebro, a que armazena o passado como memória.

3. Emoções: Se minhas palavras evocam emoções ou mudanças de humor em seu corpo, o leitor está tendo acesso ao vasto reino de reação emocional, orquestrada por outra função cerebral distinta.

4. Percepções: Se o leitor está consciente de quaisquer experiências sensoriais — sons, sensações na pele, odores, sejam quais forem — que estejam ocorrendo enquanto lê este texto, está em contato com a função perceptual.

São essas as quatro funções mentais em que as pessoas geralmente se concentram na vida — funções fundamentais que sustentam a sobrevivência na vida quotidiana. Existem, porém, duas outras maneiras fundamentais de usar a mente que são quase sempre esquecidas e pouco desenvolvidas, mas que de fato nos fazem humanos e inteiros — e elevam nossa qualidade de consciência a esferas espirituais.

5. Intuição: É a capacidade de transferir nosso foco de atenção de um ponto (raciocínio e percepção lógico-dedutivos) a uma "visão geral imediata", a percepção do todo. Isso ocorre quando subitamente desfrutamos um lampejo de compreensão ou criatividade pelo qual enxergamos o mundo de uma nova maneira e percebemos uma abordagem mais criativa para a nossa situação. Também é o nível de consciência em que as percepções espirituais podem começar a vir à superfície.

6. Meditação: Nossa função mental mais elevada é a de reflexão, contemplação e meditação profundas. Muitas pessoas raramente usam essa capacidade, pois estão tão trancadas em seu burburinho mental mais mundano que não sabem deslocar-se para esse estado mental espiritual. Nessa qualidade expandida da consciência, nossos pensamentos quotidianos se aquietam, as preocupações são postas de lado, sentimos a paz interior e senso de união com nossa fonte — e a sabedoria espiritual, o amor, percepções e orientações fluem livremente para o nosso coração.

Agimos muito bem quando alentamos as seis funções da mente. É extraordinário, é divertido e essencial ao nosso desenvolvimento passar um bom tempo pensando, planejando, procurando solucionar problemas, e não travados na engrenagem do raciocínio cognitivo. Também é importante e prazeroso tirar algum tempo para recordar acontecimentos e pessoas de experiências passadas e deixar-se levar em devaneios e imaginações sobre o futuro. Fundamental também é ficarmos em contato com nossas emoções e sensações mais profundas do coração. A conscientização de nossa experiência sensorial do momento presente é absolutamente essencial, assim como a harmonização com nossa experiência criativa intuitiva.

Embora este fato seja muitas vezes desconsiderado, é necessário dedicar sistematicamente um certo tempo para aquietar a mente, acalmar as emoções e desligar-se do passado e do futuro, de maneira que, na reflexão e na meditação, entremos em contato com sabedoria, inspiração e orientação mais profundas e conservemos nossa vida interior imersa em esferas espirituais.

O fenômeno chamado espírito

Que quero dizer quando falo de "esferas espirituais" e da presença do Espírito em nossa vida? O movimento nascer de novo usou e abusou do termo "espírito" de tal maneira que muitas vezes acho difícil até usar a palavra. Mas acho que é importante recuperar esse termo porque, na verdade, não há outra palavra que o substitua.

Eu gostaria de lhe contar meu entendimento e minha experiência no tocante à realidade que o termo "espírito" simbolicamente indica. Todas as palavras, naturalmente, são símbolos que dirigem nossa atenção a alguma coisa. O termo "espírito" foi usado durante muitos milhares de anos para dirigir a atenção a uma ampla variedade de experiências, e a ampla variedade de pressuposições e crenças fundamentadas, pelo menos em parte, nessas experiências.

Nas tradições tribais arcaicas, as pessoas alegavam vivenciar espíritos ligados com quase tudo do mundo delas. Com fundamento no folclore tribal e nos sistemas de crença dos sacerdotes, havia espíritos das árvores, espíritos dos animais e espíritos das águas e do vento — o universo inteiro era povoado e controlado por um mundo de espíritos nos tempos antigos. Esses espíritos interagiam com os seres humanos, cooperando às vezes, outras vezes causando problemas à tribo. Para complicar ainda mais a situação, feiticeiros e xamãs alegavam ter o poder de influenciar os espíritos para fazer o bem, ou talvez para prejudicar alguém.

Desde épocas remotas, o culto sacerdotal em todas as tribos ao que parece dominava as mentes e os corações da comunidade, empregando o temor do perigo espiritual para manipular a fé e o comportamento das pessoas.

Não estou aqui para passar julgamento sobre a relativa validade ou natureza supersticiosa de crenças religiosas antigas sobre o mundo espiritual, mas, reconheço, incomoda-me a tendência do culto sacerdotal de empregar manipulações baseadas no medo para controlar a mente e o coração do povo.

Por volta de sete ou dez mil anos atrás, os sacerdotes dirigentes dos cultos de muitas das principais sociedades começaram a crer em (e também, é de esperar, a vivenciar) uma ordem mais elevada de participação dos espíritos no universo. Esses espíritos eram designados "deuses". À época do nascimento de Jesus, muitas sociedades do mundo todo tinham evoluído ao ponto de acreditar num panteão de deuses de ordem mais elevada — o deus do sol, o deus da lua, um deus que controlava o vento, um deus que controlava a fertilidade, e assim por diante. Juntamente com os deuses, veio uma nova ordem de líderes religiosos que alegavam ter o poder de interagir com esses deuses e influenciá-los.

Segundo se dizia, esses deuses viviam nos céus, não na Terra. Mas cada um deles teria seu espírito individual, e esse espírito tinha poderes para se movimentar invisivelmente aqui na Terra e influenciar o mundo físico. Por meio do movimento e da ação desse espírito invisível, cada um dos deuses podia tocar o coração e a mente de um ser humano, bem como provocar uma ocorrência de impacto no mundo físico. Esses deuses (e seus sacerdotes específicos) dominaram o povo durante milhares de anos, não apenas na Grécia, em Roma e no Egito mas também na Índia, na China, nas Américas e em outros lugares.

Havia alguns deuses bons, mas muitos deles eram mesquinhos. De maneira geral, as pessoas pareciam ter mais medo do mundo dos espíritos do que ser tranquilizadas por ele.

Contudo, a despeito das diferenças de crenças relativas ao mundo dos espíritos, quase todas as tradições humanas tinham consciência de que algo acontecia no plano espiritual da consciência. Para além dos fenômenos tridimensionais, a maioria das pessoas acreditava, e vivenciava, uma esfera mais profunda da vida, que permanecia misteriosa, mas importante na mente e na alma do povo.

Então algo inteiramente novo começou a surgir, sobretudo no Oriente Próximo, entre certas tribos semitas. Uma dessas tribos, a dos israelitas, deu origem a uma tradição que acreditava, e vivenciava, não em um punhado de espíritos ou numa porção de deuses, mas num Deus Criador supremo e infinito. Essa presença infinita do céu vinha e tocava o mundo e o coração dos homens por meio de seu Espírito Santo, frequentemente na aparência física de anjos celestiais.

À medida que o conceito e a experiência desse Deus todo-poderoso avançaram e evoluíram com o passar dos séculos, esse Deus, originalmente bastante colérico, passou a ser visto cada vez mais como um Deus de amor. Seu espírito compassivo sempre se estendia até as pessoas e tocava-lhes o coração e por meio do amor as ligava à origem de toda a criação.

É claro que, de uma perspectiva mais imparcial, quase certamente não era Deus que estava mudando através dos séculos, tornando-se menos colérico e mais compassivo. No meu entender, a realidade espiritual do universo não muda. O que vem mudando é a capacidade humana de harmonizar-se e viver com essa realidade espiritual em níveis cada vez mais profundos.

As crenças humanas limitadas sobre Deus, direta e tristemente, restringem nossa capacidade de encontrá-lo. E, igualmente triste, as seitas sacerdotais do mundo inteiro parecem ter deliberadamente ensinado crenças em Deus baseadas no medo a fim de manipular as pessoas e dominá-las de maneira opressiva.

Em todas as culturas, porém, os sacerdotes mais esclarecidos certamente lutaram para alargar as convicções do povo, a fim de que se pudesse desenvolver um relacionamento mais íntimo e amoroso entre os seres humanos e seu Criador. Costumo ser um pouco severo com os sacerdotes de antigamente porque há fortes indícios de que eles tenham colocado mais temor do que amor no coração de seus irmãos. Uma rápida olhada na história do cristianismo nos mostra quanto os líderes religiosos podem se tornar implacáveis quando sucumbem à tentação de ter o poder absoluto e o suposto domínio ordenado por Deus, em vez de se concentrarem no coração e no amor que essencialmente sustenta o verdadeiro mundo espiritual. Entretanto, sempre houve buscadores espirituais verdadeiros dentro da casta sacerdotal, homens que se empenharam em despertar para uma comunhão mais elevada com o Espírito e para expandir sua tradição religiosa rumo a direções onde houvesse amor. Com certeza a mesma coisa ocorre hoje em dia.

> Finalmente, na história da tribo judaica, surgiu Jesus. Ali estava um homem que de alguma maneira atingira um novo nível de consciência, que de alguma maneira estava em contato mais profundo com Deus, o Criador, e estabelecera uma nova maneira de se relacionar com seus semelhantes humanos.

Não temos ideia de como Jesus atingiu seu estado mental de iluminação, mas quando estava preparado passou os últimos poucos anos de sua vida procurando ensinar suas reflexões e visão espirituais a seus amigos e seguidores. Os quatro Evangelhos nos dão um pequeno fragmento da natureza e do êxito de sua fase de ensinamentos.

Em minha humilde opinião, fundamentada nos indícios dos Evangelhos, Jesus não foi tão bem-sucedido assim como mestre das massas. A maioria das pessoas que começou a segui-lo e a venerá-lo, ao que parece, não entendia o que ele falava. Ele estava ensinando uma nova maneira de nos relacionarmos com Deus, mas a multidão o escutava com ouvidos que não conseguiam ouvir. As crenças e atitudes predominantes do povo o impediam de tornar-se receptivo ao que Jesus havia descoberto.

Lê-se muitas vezes que Jesus ficava frustrado, que exortava seus seguidores a despertar, mas aparentemente sem muito êxito nessa tentativa. Ele pregava uma senda interior sutil, e as pessoas estavam fechadas em atitudes e expectativas antigas. Queriam um líder que expulsasse os romanos do país. Em vez disso, o que conseguiram foi uma tragédia em que um mestre espiritual sereno e pacífico acabou sendo apanhado em violentos jogos políticos e terminou assassinado.

O verdadeiro poder de Jesus

Minha experiência é de que o impacto de Jesus no mundo — que tem sido gigantesco — não veio principalmente de seus ensinamentos escritos nem das teologias que se desenvolveram em torno de seus ensinamentos. O toque do amor e da orientação de Jesus não foi transmitido principalmente por meio de ações e sermões dos sacerdotes e ministros. Em vez disso, o toque, o amor e a orientação de Jesus foram recebidos literalmente por bilhões de seres humanos pela presença de seu espírito através do influxo do Espírito Santo no coração das pessoas.

O Espírito com toda certeza ainda está vivo, ativo e vital no mundo de hoje, assim como estava na época de Jesus (e para todo o sempre). O Espírito, afinal de contas, em sua essência pura, é a presença eterna de Deus no mundo. A maneira que se manifesta na vida das pessoas depende da consciência de cada um que o recebe (ou que o nega.)

O Espírito não força sua entrada em nossa vida. Não impõe mudanças em nossas crenças, atitudes e dogmas religiosos. Segundo minha experiência, o Espírito é sabedoria e uma presença amorosa, pura, imaculada e infinita, que aflui ao nosso coração até onde permitimos e deixamos espaço.

Mais importante aqui é que o *Espírito não é uma ideia.* O Espírito não é um conceito teológico. O Espírito não é uma crença. O Espírito é *real* — é um poder, uma presença, uma sabedoria e uma força orientadora que aflui ao nosso coração, desde que o permitamos.

Muitas pessoas tentam usar seus pensamentos para abrir-se com Deus, mas o Espírito simplesmente não flui por meio da função intelectual da nossa mente. Por quê? Porque pensar é um processo passado-futuro da mente. "Perdemo-nos em pensamentos" — ausentamo-nos do momento presente, em que o Espírito se faz sentir — quando pensamos.

Toda experiência humana ocorre no aqui e agora, não no passado ou no futuro. A experiência é própria do presente. E a experiência do Espírito em nossa vida é exatamente isso, uma experiência. Sentimos a presença de Deus em nosso coração. Seguramente, quando permitimos ao Espírito entrar em nosso coração, nosso pensamento é influenciado por essa experiência. Mas é importante darmo-nos conta de que, espiritualmente, o coração é o nosso centro. Deus é amor. O Espírito chega pelo coração e irradia-se por todo o nosso ser.

Cada vez mais psicólogos concordam com os antigos mestres espirituais em que no campo da experiência não há passado nem futuro — só o aqui e o agora existem. De maneira que o Espírito só pode tocar nossa vida quando nossa mente se concentra no aqui e agora.

O toque, afinal, é uma sensação, algo que sentimos. Uma experiência pura e simples. E quando estamos pensando, isolados de nossas sensações do momento presente, estamos na verdade excluindo o Espírito de nossa vida. Essa é a razão pela qual, em todas as tradições de meditação, aprender a desligar-se dos pensamentos e passar a viver o momento presente é absolutamente vital.

O caminho do coração

Jesus, como veremos, ensinou repetidamente esta mesma lição: que o reino dos céus está próximo, aqui no eterno momento presente. Ademais, esse reino dos céus só se abre para nós quando a mente está serena e nosso foco de atenção está voltado para o nosso coração. A mensagem principal de Jesus foi que o amor é a principal característica de uma vida espiritual. E o amor é um sentimento do coração. Assim como o Espírito, o amor é uma experiência. Sim, podemos refletir sobre o amor e até nos perder totalmente em pensamentos sobre o amor. Mas para sentir o amor é necessário aquietar a mente e ouvir o coração.

> Em todas as grandes tradições de meditação do mundo, inclusive as tradições contemplativas cristãs, existe apenas um caminho para o despertar espiritual. É o caminho do coração, o caminho do amor, o caminho do encontro com o Espírito no aqui e agora, o Espírito não como um pensamento abstrato na mente, mas como uma sensação muito real no coração.

Que eu não seja mal-interpretado neste particular. Pessoalmente, sou entusiasta do pensamento abstrato. Gosto de pensar, como todos nós, exceto quando tolhido por preocupações fundamentadas no medo. Mas também aprendi que é vital administrar a mente para impedir que os pensamentos dominem minha vida.

Fé pós-cristã

No culto cristão tradicional, *pensamos sobre* Deus, nós o *imaginamos* e *falamos sobre* ele. Na prática pós-cristã, damos ênfase à total quietação da mente e a *ouvir* Deus. No dogma da igreja, a fé se concentra em confiar na veracidade de nossas convicções. Na abordagem que estou recomendando, a fé se concentra em confiar em nossas experiências de encontro espiritual e realização. Da atividade cognitiva incessante há um deslocamento para o encontro experiencial sistemático com o divino.

Nesse aspecto, grande parte da minha vida profissional foi empregada na tarefa de investigar como podemos aquietar a mente e voltar a atenção em direção à nossa experiência do coração. A maioria das pessoas não tem controle da mente. Os pensamentos fluem sem cessar através da mente, e a voz interior do ego fala continuamente, mantendo uma narrativa que julga de modo crítico e sem cessar tudo o que está acontecendo. Essa função, chamada fluxo de consciência, certamente é bem conhecida do leitor.

Infelizmente, a maioria de nós leva consigo essa função da mente até quando começa a orar e a meditar. Falamos a Deus, em vez de permanecer calados e ouvir o que Deus talvez tenha a nos dizer. E o desfecho é este: enquanto estivermos pensando, enquanto estivermos presos em nossas ideias, atitudes e açodamento, estaremos isolados de qualquer comunhão franca com Deus. Enquanto não aprendermos a aquietar a mente, ficaremos na maioria das vezes separados de nossa própria presença espiritual. Triste, mas verdadeiro.

> **No Antigo Testamento encontraremos oito palavras atribuídas ao próprio Deus: "Aquietai-vos e sabei que eu sou Deus". (Salmos 46:10). Eis a prescrição primeira — aquietar a mente. Porque só quando fazemos isso somos receptivos a conhecer diretamente, no coração, a presença de Deus em nossa vida.**

Esse "saber" que acontece quando nossos pensamentos foram aquietados é uma experiência que ocorre em nosso coração. Reiteradamente Jesus disse a seus seguidores que deixassem de lado suas preocupações, seus expedientes com relação ao futuro e os julgamentos sobre o passado. Disse-lhes que deixassem de fazer julgamentos em todos os aspectos, deixassem de lado os aborrecimentos — ambos, funções do pensamento.

A esse respeito, quando proponho ao leitor que aquiete a mente, harmonize-se com o momento presente e abra o coração a Jesus e ao Espírito Santo, estou propondo que — sem nenhuma crença nem outros filtros culturais pelos quais julga, limita e define o Espírito — vá avante e se abra, renda-se tão somente ao influxo da presença de Deus em sua vida.

> **Para mim, esse é o verdadeiro ato de fé pós-cristão; confiar que quando silenciarmos nossos pensamentos e voltarmos a atenção da nossa mente para a eterna presença de Jesus, receberemos o toque puro da orientação espiritual e do amor de Deus em nossa vida.**

Mais uma vez: isso é uma *experiência, não um pensamento.* E ocorre no coração, não na cabeça. Está sempre à sua espera, na medida em que, pelo menos por um momento, o leitor deixe de lado suas crenças e receba o Espírito puro em seu coração — sem nenhuma expectativa precondicionada.

O transformador

Para encerrar este capítulo, gostaria de introduzir uma metáfora nova e compatível com a ciência para me referir à maneira pela qual a presença de Jesus se encaixa naturalmente na experiência de abertura para o amor, o toque e a orientação de Deus. A princípio esta metáfora pode parecer um pouco incomum, mas, à medida que avançamos, o leitor verificará que ela reflete com precisão aquilo que acontece em nossa experiência quando nos abrimos à presença de Jesus em nosso coração.

Em primeiro lugar, vamos fazer perguntas alarmantes, mas essenciais: Por que necessitamos de Jesus para formular a equação da meditação? Por que incluir sua presença espiritual em nossa relação com Deus? Durante alguns anos, depois que deixei meu trabalho na igreja, fiz-me essa pergunta com toda a seriedade. Afinal de contas, eu podia aprender a meditar podia aprender a aquietar meus pensamentos e podia (às vezes) abrir-me para o amor e a orientação de Deus — sem Jesus. Sem Jesus, estava faltando alguma coisa?

De maneira sucinta, eis o que vim a compreender sobre o papel vital dos seres iluminados na experiência espiritual dos seres humanos comuns. Por favor, lembre-se, leitor, de que não estou pedindo que aceite tudo o que estou dizendo aqui. Estou simplesmente relatando minha experiência pelo que ela possa representar. Aqui estão a metáfora e o processo espiritual subjacente que para mim fazem bastante sentido.

A força e o efeito da eletricidade de que depende a nossa moderna civilização são transmitidos das fontes de geração a nossa comunidade através de grandes linhas de força que conduzem uma imensa energia. A grande central elétrica apresenta um problema prático. É impossível ligar determinada residência diretamente a essa fonte, já que a energia é muitíssimo grande. Em vez de energizar a casa, a sobretensão dessa carga imensa produziria incêndio e destruição. Portanto, entre a fonte principal de força e o usuário comum, é necessário instalar um transformador que "baixe a voltagem" a um nível que a casa em questão possa absorver e utilizar.

> Minha experiência é que a maioria de nós, as mais das vezes, mui semelhantemente necessita de um "transformador" espiritual entre nós e o poder e glória extremos de Deus todo-poderoso. A presença intermediária de seres iluminados como Jesus (e, em outras tradições, Buda, Lao-Tsé, entre outros) de algum modo desempenha esse papel de transformador em nossa vida.

Visto que a presença de Jesus parece estar fundamentada tanto na natureza humana quanto na divindade transcendental, ele pode servir como o necessário transformador quando voltamos nossa atenção para o poder infinito do divino. É isso que entendo num nível mais profundo relativamente à afirmação, de outro modo um tanto sacerdotal, atribuída a Jesus: "Ninguém vem ao Pai a não ser por mim" (João 14:6). Necessitamos, sim, incluir Jesus (às vezes, pelo menos) em nossa equação comunhão-espírito.

Será que isso significa que seremos abatidos e destruídos se concentrarmos nossa atenção meditativa diretamente em Deus sem a presença amorosa de Jesus entre nós? Claro que não. Parece que possuímos nosso próprio transformador interior que nos permite focalizar o divino infinito diretamente. Podemos voltar nossa atenção para o coração, aquietar a mente e nos abrir para o Espírito e, sempre, uma experiência única virá ao nosso encontro. Somos todos bastante capazes de entrar diretamente em contato com a presença do Criador sem que ninguém — nem mesmo um Salvador — esteja entre nós e o Altíssimo.

Entretanto, descobri algo que fez toda a diferença em minha vida. Na meditação ou na prece (quase não há diferença entre as duas assim que a mente esteja aquietada), a experiência que consigo receber é qualitativamente diferente quando incluo a presença de Jesus na equação.

> Às vezes não tenho desejo nem necessidade de focar minha atenção na presença de Jesus. Mas frequentemente, quando entro em meditação, sinto um anseio natural no coração por me abrir à presença de Jesus primeiramente, de maneira que possa em seguida receber o encontro divino único que só consigo expressar como "Deus vindo a mim através de Jesus".

Aí está, portanto, uma nova ideia com relação à necessidade de termos Jesus em nossa vida espiritual — não como um Salvador para nossa natureza pecaminosa, não como um salvo-conduto seguro para escaparmos da morte, mas como um transformador espiritual que nos capacita a sentir o divino infinito de uma maneira única. Tenho dificuldade para expressar em palavras essa ideia basicamente profunda — espero que o leitor entenda a ideia geral e examine passo a passo a realidade que jaz além destas palavras.

Momento de reflexão

Pergunto-me o que o leitor está achando de tudo isto. Incentivo-o a observar de hábito as várias reações de sua mente às minhas palavras, além de observar como o seu coração está reagindo às minhas sugestões. Nesse estado de espírito, vamos fazer uma pausa para que possa deslocar a atenção de sua mente para o coração e observar que sentimentos descobre aí.

É o ato principal que estamos incentivando — deslocar a atenção da mente para o coração. Sim, às vezes, olhando aí, descobriremos dor, às vezes ansiedade, outras vezes grande número de emoções. Muitas vezes, poderemos encontrar apenas entorpecimento. No âmbito deste livro, ensino ao leitor um processo que o capacitará a confiar no coração e acalmar suas emoções, a fim de que possa então abrir-se e permitir que o influxo de bons sentimentos penetrem em seu coração. Essa é a morada do Espírito em nosso interior, e temos sempre uma ótima sensação quando o Espírito aflui.

Depois de ler este parágrafo, sinta-se à vontade para deixar o livro de lado, ficar confortável, harmonizar-se com sua respiração e com os sentimentos de seu coração, e começar serenamente a refletir sobre suas experiências do toque do Espírito em sua vida. Sem fazer nenhum julgamento autoimposto, observe tranquilamente se se sente aberto neste momento a permitir que a presença de Jesus aflua ao seu coração.

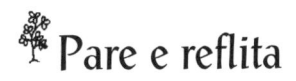

Pare e reflita

3

Do pecado... ao amor

Na escolha inevitável entre duas únicas alternativas empurradas contra os cristãos tradicionais, aos olhos imparciais da psicologia, a mais importante parece ser aceitar e amar a si próprio exatamente como se é, perfeito aos olhos de Deus, em vez de julgar-se a si mesmo habitualmente como pecador incorrigível. A verdade é que não se pode fazer as duas coisas. Os próprios Evangelhos, em passagens diferentes, pregam dois caminhos distintos. Assim, o tema deste capítulo é: devemos escolher o caminho da libertação que vem do coração ou o caminho coercivo que se origina no intelecto?

> **Infelizmente, grande parte da teologia cristã tradicional é fundamentada no juízo psicologicamente devastador de que somos todos pecadores incorrigíveis natos, de que assim é a natureza humana.**

De acordo com os teólogos predominantes, Deus finalmente compadeceu-se da raça humana e enviou Jesus Cristo à Terra com o objetivo específico de nos salvar de nossa natureza pecaminosa inata. Nesse cenário, Deus inseminou uma mulher terrena gerando assim uma criança meio divina e meio humana. Sabendo de antemão o que queria que acontecesse, fez alguns ajustes na história de maneira que seu único filho terminasse brutalmente sacrificado no mais abominável assassinato público.

Pela representação física desse sacrifício celestial supremo, todos os nossos pecados mortais, de alguma maneira, deveriam ser purificados.

Em vez de ir para o inferno por causa de nossa natureza pecaminosa inata, seríamos salvos e chegaríamos mesmo a ir para o céu, mas somente se aceitássemos que: (1) somos pecadores incorrigíveis pela nossa própria natureza; e (2) Deus de fato manipulou a história a fim de representar o ritual de sacrifício que nos salvaria de nós mesmos.

Lembro-me de, quando criança, ouvir falar desse violento sacrifício de sangue do filho único de Deus. As imagens medonhas encheram minha mente com o mais terrível tormento e desespero da infância. Seria eu, no íntimo do meu ser pueril, uma pessoa tão má que alguém tão extraordinariamente amoroso como Jesus tinha de ser assassinado para que meus pecados fossem purificados? Foi atordoante a culpa que oprimiu meu coração de menino. Depois houve a cerimônia de comunhão do cristianismo tradicional, na qual eu deveria comer o corpo de Jesus e beber seu sangue — nossa!

No decorrer dos anos, tive muitos pacientes em terapia que, já adultos, padeceram sobremaneira desse condicionamento da infância, segundo o qual os seres humanos são espiritualmente corruptos até a medula. Sou de opinião que deveríamos protestar abertamente contra as consequências psicológicas devastadoras que resultam de infligir trauma tão horrível nas crianças.

Sei que estou falando aqui diretamente contra a tradição da igreja e, se ofendo meus leitores, tudo o que posso dizer é que me ouçam até o fim, por favor, e depois tomem sua decisão. Porque, do ponto de vista psicológico, a realidade é clara. Enquanto nos sentirmos seres intrinsecamente danificados e irremediavelmente pecaminosos e culpados no âmago de nosso ser, não haverá muita esperança de podermos transcender nossa culpa e autoimagem e de nos abrir para amar a nós mesmos.

Numa fé fundamentada no amor, será que acreditar que somos indignos de amor faz algum sentido? Jesus disse claramente: "Amarás o teu próximo como a ti mesmo" (Mateus 22:39). Porém, se nos odiarmos por ser corrompidos até a medula, isso significa que odiaremos igualmente o nosso próximo.

Contrastemos essa hipótese com o preceito de Jesus de que devemos nos amar uns aos outros como ele nos amou. Aqui há uma contradição, como há do princípio ao fim nos Evangelhos, entre aquilo que parece ser a mensagem que Jesus envia de seu coração e a teologia sacerdotal introduzida nos Evangelhos, que se fundamenta em ideias abstratas apoiadas no medo em vez de percepção espiritual mais profunda, alicerçada no amor. Descobri que só quando descartamos essa dimensão de ódio por nós mesmos, própria do cristianismo, que o verdadeiro poder do caminho do coração de Jesus é liberado para tornar-se ativo em nossa vida.

Sim, a pessoa poderá acreditar que se livra da maldição de sua herança pecaminosa se concordar em crer inteiramente nessa teologia de remissão dos pecados. Agindo assim, porém, é forçada a aceitar a premissa inicial de que sua natureza humana é pecaminosa. Essa percepção de que sua natureza é completamente corrupta abalará sua capacidade de entrar em comunhão direta com Jesus e com Deus. Ela terá vendido a alma à igreja e perdido a liberdade de examinar sua natureza espiritual situada além da teologia que concordou em obedecer.

> **É-nos impossível agir segundo um modo de vida de aceitação/amor e julgamento/pecado simultaneamente. No aspecto psicológico, as duas escolhas são incompatíveis. Eu gostaria de examinar com o leitor o que significa escolher viver com aceitação e amor em vez de julgamento e pecado.**

Escrevi um livro sobre esse tema com o título de *Quiet Your Mind*, no qual mostro, no contexto da ciência cognitiva, que a função julgadora da mente tem de ser deliberadamente aquietada, pelo menos temporariamente, para que a mente possa deslocar-se da cabeça para o coração e harmonizar-se com sentimentos de compaixão e compreensão. É simplesmente impossível que nos julguemos e nos amemos ao mesmo tempo.

Os Evangelhos nos mostram o caminho do coração que Jesus ensinou. Ele nos ordenou que aprendamos a nos aceitar e nos amar incondicionalmente, da maneira que somos, e que amemos os outros como nos amamos e como ele nos ama.

O amor é o único poder capaz de erradicar todo o conceito de pecado, se abandonarmos os conceitos teológicos que fecham o nosso coração e nos entregarmos à experiência do influxo do amor em nossa vida.

É o amor que nos salva

O relacionamento vivo com o espírito de Jesus em nossa vida pode libertar-nos não de nossa natureza pecaminosa, mas da crença de que, embora não sejamos perfeitos, somos perfeitamente dignos de amor, assim como somos. Minha experiência me diz que não precisamos que Jesus sofra e morra por nossos pecados para ficarmos livres de nossa impressão de ser pecadores incorrigíveis. O que de fato precisamos é do amor incondicional de Jesus afluindo em nosso coração, a fim de nos dar a confiança, o poder e a orientação para darmos aquele salto para além do condicionamento teológico negativo, para a acolhida pressurosa do amor de Deus.

A maldição cristã de um complexo de culpa está embutida na teologia da salvação. Lembro-me de quanto eram angustiantes a dor e a culpa que eu sentia no coração, quando criança, por acreditar que Jesus tinha morrido por meus pecados. Eu não tinha pedido isso a ele, mas o ministro me convenceu de que, de qualquer maneira, era um fato. Eu era uma criatura tão má e tão pecaminosa que Jesus teve de sofrer uma morte tão cruel para que, de alguma maneira, minha natureza pecaminosa perecesse e eu renascesse como um cristão purificado. Além do sentimento de culpa por ser pecador, também me sentia culpado pela morte de meu mestre espiritual.

Pergunto-me se também o leitor passou por essa experiência de culpa. Isso certamente é inevitável se aceitamos a teologia cristã tradicional. E, naturalmente, a dinâmica do argumento de vendedor que vem a seguir é magistral. É assim: (1) somos pecadores incorrigíveis; (2) fizemos Deus sacrificar seu único Filho para nos salvar de nossa natureza pecaminosa; (3) só quando aceitamos por inteiro o sistema teológico de crenças da igreja e entregamos nossa alma a Cristo é que conseguimos livrar-nos de nossa natureza e, de alguma maneira, tornar válido o sacrifício de Jesus. Se ele morreu por nossos pecados e nós não o aceitamos como nosso senhor e salvador, somos duplamente culpados, certo?

Tudo o que posso dizer é: onde fica o amor? Onde está a compaixão e a solidariedade? Onde está a criação perfeita de Deus? Além disso, quem apresentou esse conceito intelectual segundo o qual nascemos pecadores incorrigíveis? Alguém sabe? Depois de *quatro anos* em curso de pós-graduação procurando a origem desse sistema de crença, tudo o que descobri para corroborar a crença foram palavras em livros.

> Sim, a teologia cristã de pecado, sacrifício e redenção tem uma certa lógica imaculada. É uma filosofia de primeira ordem em si e por si. Mas quando observamos as premissas essenciais da fé, encontramos aí o espírito de Jesus?

Eu não encontrei. Por causa disso achei que tinha de abandonar a teologia predominante da igreja a fim de acolher o que deveria estar no cerne daquela teologia — a presença viva de Deus. Achei também que devia dizer a verdade como a via e colocar-me contra um grupo sacerdotal que transformou o evangelho vivo do coração de Jesus numa teologia de sacrifício humano obcecada pela culpa. Nessa mesma arremetida teológica, o grupo sacerdotal queimava na fogueira qualquer um que ousasse desafiar suas resoluções. Que transformação fantástica — de ensinamento de amor e aceitação autênticos origina-se uma instituição que em nome desse ensinamento assassinasse brutalmente todos os que não aceitassem especificamente o que o grupo sacerdotal exigisse.

Hoje em dia, naturalmente, esses tempos brutais terminaram. Será que sim? Em nome de quem os Estados Unidos atacaram o Vietnã, e o Iraque? George W. Bush afirma ter orado ao seu Deus cristão e ter recebido a resposta de que espiritualmente não haveria nada contra matar mais de cem mil cidadãos iraquianos em nome de Cristo. Até quando vamos continuar com essa farsa?

Quando eu estava na faculdade queria muito entrar na política e servir meu país da melhor maneira possível. Queria até me tornar presidente, quem sabe, a fim de usar esse poder para ajudar meu país a trilhar caminhos espiritualmente mais sadios. Mas depois de ter abandonado as convicções cristãs tradicionais e ter declarado abertamente meus sentimentos pós-cristãos, acabaram-me as esperanças de ser eleito para um cargo público de vulto. Os norte-americanos ainda insistem que seus líderes se curvem para o sistema de fé do grupo sacerdotal. Se a pessoa não frequenta a igreja, pode dar adeus a uma carreira política. A igreja (cada vez mais no aspecto radical do nascer de novo) ainda domina. É de esperar que, em anos vindouros, o pêndulo finalmente penda a favor de pessoas que liderem com o coração em vez de com o bolso.

É claro que muitos políticos tentam liderar com o coração, e muitos ministros do movimento "nascer de novo" tentam pregar o amor em vez do ódio. O que estou apontando é que no cerne de nossa religião cristã encontram-se várias pressuposições e crenças fundamentais sobre Deus e sobre a natureza humana que contaminam nossas decisões e as arrastam a reações baseadas no medo, reações que se contrapõe diretamente aos ensinamentos mais profundos de Jesus.

Compaixão com compreensão *versus* moralidade

Enquanto estamos neste tema geral, vamos falar especificamente sobre a deturpação intrínseca de procurar viver "moralmente". Nos Estados Unidos principalmente, "moral" é um termo muito amplo, subjacente à nossa cultura. A direita religiosa chegou mesmo a tentar identificar-se como "a maioria moral", como se a minoria restante fosse, por definição, imoral. Mas que significa realmente ser moral? E de que maneira procurar levar uma vida moral sustenta ou arruína uma vida espiritual profunda?

A maioria das pessoas pressupõe que é nosso caráter moral que nos impede de fazer coisas más. Esse pressuposto baseia-se no parecer cristão de que nossa natureza latente é má e tem de ser incessantemente refreada por nossas restrições morais. Mas será esse julgamento negativo autoimposto um pressuposto psicológico válido sobre a natureza humana?

Visto de uma perspectiva espiritual imparcial, o caminho moral, na realidade, afigura-se como o oposto do caminho espiritual. Quando trilhamos o caminho da moralidade, percorremos o caminho do julgamento — tentamos fazer aquilo que julgamos certo e evitar o que julgamos errado. O caminho moral, quando observado atentamente, revela-se o caminho em que o conceito de pecado se origina.

A maioria das culturas produziu um código de comportamento certo e errado, e o resultado é a moralidade. É o caminho das prescrições do tipo "deve" e "não deve". Uma pessoa boa faz o que a sociedade julga ser o certo e evita fazer (ou mesmo pensar em fazer) o que a sociedade considera errado ou mau. É a maneira de encarar a vida com base no medo, em que tomamos decisões calcadas no medo daquilo que poderá acontecer se violarmos os códigos morais vigentes.

O caminho espiritual, conforme o vejo, é justamente o oposto. É um caminho no qual nossas ações não são determinadas pelo que devemos ou não devemos fazer segundo a moralidade dos sacerdotes e juízes dominantes ou de nossos próprios julgamentos baseados no medo.

Numa vida firmada na espiritualidade, e não na moralidade, nossas decisões e ações surgem de uma direção oposta. Permitimos que o Espírito e nossa união mais profunda com a sabedoria e o amor de Deus

determinem como agimos a cada momento. No caminho espiritual, o que nos guia é o amor no coração, não o julgamento do intelecto.

Em nossa cultura, a moral é ditada sobretudo por convicções, regras e regulamentos cristãos tradicionais. Essas regras e regulamentos originaram-se no Antigo Testamento. Os Dez Mandamentos são fundamentais para essa base moral. A tradição judaica era saturada de moralidade, como o são a maioria das tradições. O grupo sacerdotal judaico prescrevia o que era certo e o que era errado, e tudo quanto decidiam que era errado denominavam pecado. Era pecado caminhar além de uma certa distância no sabá, por exemplo; era pecado comer alimentos impróprios; e pecado até mesmo acolher pensamentos errados.

Jesus se via frequentemente envolvido em discussões com sacerdotes a respeito de pecado, moralidade, o certo e o errado. Gritavam com ele censurando-o por andar com pecadores em vez de com virtuosos. Ele muitas vezes fazia coisas que os sacerdotes consideravam erradas. Repetidamente ele tentava explicar que se guiava não por regras morais, mas pela réplica espontânea de seu coração a cada nova situação.

Nós *ainda* estamos nos esforçando para nos libertar da moralidade do Antigo Testamento e adotar a espiritualidade radicalmente nova das palavras e do exemplo de Jesus. Na época da Guerra do Vietnã, lembro-me de que eu era um jovem ministro idealista em San Francisco. A igreja onde eu desempenhava minha função era um baluarte de membros ricos e conservadores que apoiavam a guerra irrestritamente e, em muitos casos, a circunstância de guerra propiciava-lhes fartos lucros. E o julgamento era claro: todo comunista é mau; o comunismo é um movimento do mal, e o cristianismo deve levantar-se e destruí-lo, ainda que o campo de batalha ficasse do outro lado do mundo.

De algum modo, dentro de seu sistema cristão de fé, a maioria dos membros da igreja julgava perfeitamente correto matar mulheres e crianças inocentes em nome de Cristo e de todas as coisas boas, morais e cristãs.

Proferi apenas um sermão sobre esse tema. Levantei-me, pus minhas anotações de lado, e falei do coração sobre o que eu entendia dos ensinamentos de Jesus e que enviar o filho de alguém ao Vietnã para assassinar pessoas não fazia nenhum sentido, nem moralmente nem de nenhuma outra forma. Afinal, um dos principais pecados não era tirar a vida de outro ser humano?

Mas não. Parecia que eu não entendia a teologia cristã corretamente. Depois de meu sermão, recebi várias reprimendas. Às vezes, diziam, é necessário burlar a lei e às vezes é moral matar pessoas — devíamos até nos sentir bem fazendo isso! Na campanha presidencial Bush-Kerry em 2004, surgiu a mesma questão. Foram enviados soldados americanos a um país estrangeiro que nem sequer nos havia atacado e, em apenas um ano, mataram mais de cem mil pessoas e, não sei por quê, tínhamos de achar que essa matança era moralmente aceitável?

Cito essas coisas porque, ao fim e ao cabo, a lógica da teologia e da moralidade sempre desaba. Os atos mais horrendos foram louvados como plenamente morais pelo grupo sacerdotal em nome de Cristo. Desse modo, que podemos fazer?

Eis um indício. A moralidade surge da função julgadora da mente — o que é certo fazer, e o que é errado. Trata-se do processo do debate intelectual e do raciocínio que decide o que é pecado e o que não é. Em última análise, da perspectiva espiritual, viver a vida com base no julgamento intelectual simplesmente não funciona. A triste verdade é que podemos nos convencer de que todas as ações que praticamos são morais e podemos nos sentir culpados por fazer certas coisas que a sociedade condena, embora em nosso coração esses atos nos pareçam bons e corretos.

Portanto, em minha opinião, a moralidade religiosa não é um conceito funcional para viver uma vida espiritual, e faz muito tempo que descartei essa ideia. Não procuro levar uma vida moral. Não julgo constantemente meus atos pelos padrões da igreja. Em vez disso, descobri que existe um caminho sobremaneira melhor para vencer os obstáculos da vida.

> Jesus disse claramente: "Não julgueis!". E como veremos mais tarde, este é um de seus ditos principais, que deve ser tratado com muita seriedade. Se pretendemos avançar para além de normas exteriores e da moral, e adotar uma vida em que nossos atos do momento presente são percebidos como corretos em nosso coração e em nossa alma, temos de abandonar o ato de julgar e passar a viver nossa vida imersos na sabedoria e na motivação do Espírito.

Temos o poder de parar de julgar e, em vez disso, passar a aceitar os outros exatamente como são; nem bons, nem maus; nem pecadores, nem virtuosos, mas, sim, criaturas com as quais nos relacionamos pelo amor. E o mesmo, sem dúvida, vale para nós. Temos a escolha, o poder e a capacidade mental de amar a nós mesmos exatamente como somos. Enquanto não abandonarmos o hábito de julgar a nós mesmos, não seremos capazes de nos abrir para o influxo do amor e da orientação espiritual em nosso coração.

Do contrário, quando finalmente nos amarmos exatamente como somos, sem julgar, ganharemos acesso àquela voz profunda que fala do nosso coração e nos orienta em tudo o que pensamos e fazemos. Quando o amor, e não a moralidade, tornar-se nossa luz-guia, nossas ações se transformarão. Quando aprendermos a permitir normalmente que o Espírito viva em nosso coração e guie nossas ações, só então nos tornaremos de fato seres morais no sentido mais elevado de saber o que é ação correta e praticá-la.

Isto talvez pareça um grande desafio — cessar de julgar e aceitar a nós mesmos exatamente como somos —, mas neste livro encontraremos todos os instrumentos espirituais e psicológicos de que precisamos para fazer essa transição rumo a uma relação de amor com nós mesmos. Na realidade, não é nada difícil. Devemos tão somente nos aceitar e perdoar a nós mesmos, e seguir em frente.

O poder do perdão

Sim, nós transcendemos a culpa e o julgamento de nós mesmos por meio do poder da aceitação e do perdão. Jesus nos ensinou a amarmos uns aos outros assim como ele nos ama, isto é, incondicionalmente, sem fazer nenhum julgamento. Essa é a base do ato do perdão: aceitarmos inteiramente o que fizemos.

Do ponto de vista psicológico, existem lacunas imensas de lógica nos Evangelhos no que diz respeito ao perdão. Quando leio os Evangelhos, às vezes tenho a percepção de que certas palavras não fazem sentido espiritual. Sei que é heresia dizer isso, mas há capítulos inteiros cuja autenticidade questiono com veemência.

> Que devemos fazer quando lemos os Evangelhos e, em certas passagens, sentimos dissociação da presença amorosa de Jesus? Devemos rejeitar o que o nosso coração nos diz, ou abandonar o que a Bíblia registra? Uma vez mais, estamos bem nos limites do tipo de heresia que mandava pessoas para a fogueira, mas é impossível ignorar isso.

Jesus disse a seus discípulos com muita clareza: "Conhecereis a verdade, e a verdade vos libertará" (João 8:32). Conhecer a verdade é confiar no coração, harmonizar-se com a sabedoria espiritual e receber uma inspiração do âmago espiritual do ser. Nesse estado de ânimo, decididamente me dispus a abandonar alguns preceitos da Bíblia que não repercutem em meu coração e em minha alma, que não condizem com a experiência que tive da presença de Jesus diretamente em minha vida.

Não sinto que Jesus julgasse os que lhe estavam à volta como pecadores irremediáveis. A teologia da igreja não corresponde às palavras de Jesus. Jesus não disse *julgai*-vos uns aos outros; ele disse *amai*-vos uns aos outros. Não disse odeie-se por ser uma pessoa horrível; ele disse para nos abrirmos e deixar o amor encher nosso coração. Quando se faz isso, o perdão ocorre naturalmente.

Não posso aceitar o perdão dos outros se, em primeiro lugar, eu não tiver perdoado a mim mesmo. Uma vez que eu me perdoe, não preciso na verdade do perdão dos outros. Este é um fato psicológico que todos os terapeutas constatam com seus pacientes. Quando as pessoas se julgam por terem feito algo errado no passado e se enchem de culpa, vendo-se como pecadoras irremediáveis, sua única esperança é chegar ao ponto de parar de se autossentenciar e perdoar-se por aquilo que fizeram.

Um processo de terapia mais profundo ocorre quando rompemos o domínio do julgamento autoimposto e aceitamos o que fizemos no passado, permitimos que o amor aflua novamente ao nosso coração. Antes de podermos nos abrir ao Espírito, há esse passo essencial que devemos dar, e nem mesmo Jesus pode dá-lo por nós. Devemos perdoar a nós mesmos.

Ninguém, nem mesmo Jesus, pode nos forçar a abrir o coração para o amor. O amor elimina nossa culpa, mas primeiramente temos de perdoar a nós mesmos para que o amor entre em nosso coração. Entendem isso? Já vivenciaram? Percebem a manipulação intrínseca da teologia que diz ser impossível alguém perdoar-se a si mesmo, que devemos pedir a Jesus que nos perdoe? Isso viola os princípios psicológicos elementares do funcionamento de nossa mente, princípios que, para início de conversa, certamente foi Deus quem instituiu.

Toda a conjuntura pecado/perdão dos Evangelhos, na qual o ato e a responsabilidade do perdão são afastados de nós e colocados alhures, parece-me mais uma manobra de poder dos sacerdotes inserida nos Evangelhos bastante tempo depois da morte de Jesus.

Não nos esqueçamos de que se passaram de 50 a 60 anos, no mínimo, antes que os preceitos e as ações de Jesus fossem anotados pelo menos nas versões dos quatro Evangelhos incluídos na Bíblia convencional. Esses Evangelhos não foram escritos no intuito apenas de documentar a vida de Jesus; seu objetivo era consolidar uma interpretação teológica específica do que significava a vida de Jesus nos planos filosófico e esotérico.

> Os novos sacerdotes da religião cristã estavam se esforçando para estabelecer uma nova teologia, uma nova moralidade, um novo sistema de fé para implantá-los em seus seguidores. Assim, naturalmente, queriam um evangelho que fomentasse sua teologia.

Assim, no meu entender, os escritores desses Evangelhos quase sempre colocavam na boca de Jesus aquilo que desejavam que ele tivesse dito, tanto quanto julgavam que ele dissera, ou mais ainda, e com base em relatos orais de terceira ou quarta geração.

Digo tudo isso porque, se alguém pretende fundamentar a vida em determinados conceitos, palavras e atitudes teológicas da Bíblia, vai ficar fatalmente impedido de prosseguir quando chegar ao problema do pecado e do perdão. Se o indivíduo acredita que não pode se perdoar, que tem de pedir ao Cristo que o perdoe, então, boa sorte. Pois existe uma falha psicológica na teologia que ele nunca conseguirá transpor.

> Se alguém espera que outra pessoa o perdoe, em vez de perdoar a si mesmo, poderá permanecer um pecador irremediável a vida inteira. Como cristão tradicional, poderá permanecer atolado em culpa pelo fato de Cristo ter morrido por seus pecados. E provavelmente continuará julgando-se um pecador que transgride sucessivamente as leis morais e, por isso, obriga Jesus a perdoá-lo repetidas vezes.

Para mim, esse não é o caminho espiritual, mas sim a rodovia da moralidade. O que o indivíduo tem a fazer é sair da rodovia, abandonando a concepção de que é um pecador incorrigível. Jesus disse à mulher: "Vai, e de agora em diante não peques mais" (João 8:11). Humildemente digo a mesma coisa ao leitor: de agora em diante não peques mais. Como se consegue isso? Abandonando completamente a crença de que se é um pecador.

Jesus supriu-nos de duas afirmações absolutamente eficientes e transformadoras, que parecem autênticas e definem exatamente como não pecar mais. Disse ele primeiro: "Não julgueis", e, na verdade, se deixarmos de nos julgar pecadores, teremos transcendido o pecado. Jesus disse também: "Sede vós pois perfeitos, como é perfeito o vosso Pai que está nos céus" (Mateus 5:48).

Ele está nos ordenando que não nos julguemos pecadores, seres imperfeitos, e evoluamos espiritualmente a ponto de compreender que somos de fato perfeitos, que estamos além de qualquer julgamento — exatamente como somos. Fomos criados por Deus. Como é possível que um Criador espiritual perfeito e infinito dê origem a algo imperfeito?

Tudo o que nos separa de nossa perfeição é a nossa mente julgadora. Somos nós que estamos julgando a nós mesmos. Portanto, cabe a nós pôr um fim nisso.

Deixe de julgar-se pecador e, em vez disso, ame-se como é, criação perfeita de Deus, aqui e agora. Liberte-se. Perdoe-se de uma vez por todas. E abra caminho para o amor.

Eis a recompensa fundamental em tudo isso: quando alguém ama a si próprio incondicionalmente e se aceita tal como é, está tornando possível que o Espírito viva em seu coração. Quando o Espírito vive em seu coração e guia suas ações, é impossível errar.

Claro, as pessoas fazem coisas tolas, cometem erros uma vez ou outra. Mas isso é humano. Aprendemos com os nossos erros — desde que os reconheçamos.

Quando temos o Espírito no coração, nós nos amamos quando cometemos um erro. Demonstramos compaixão e compreensão por nós mesmos quando cedemos à tentação. Nós nos amaremos como Jesus nos ama — inteiramente fora do alcance do pecado. Para mim, este é o nosso objetivo. É o nosso destino espiritual.

Estou ciente de que o tom que venho utilizando nesta primeira parte do livro é bem enfático e veemente. A princípio eu me havia proposto a escrever esta primeira seção de modo desapaixonado, mas à medida que discutia estas sete escolhas fundamentais com o leitor, percebia que minhas emoções estavam envolvidas. A lógica da discussão é muito forte dentro de mim, e não consigo falar dessas percepções que tanto tocaram minha alma sem que a paixão tome conta da minha expressão. Espero sinceramente que minha paixão não seja interpretada como coação. Quero, porém, certificar-me de que o leitor compreenda que dogmas eclesiásticos podem ser questionados por pessoas racionais e de bom coração e que existe uma escolha entre a tradição religiosa e nosso futuro emergente fundamentado na psicologia.

Momento de reflexão

Neste capítulo examinamos diversos temas bastante controversos. Mais uma vez, pergunto-me o que estará passando pela cabeça do leitor. Para ser justo, é hora de me calar e dar ao leitor espaço suficiente para refletir sobre seus sentimentos relativos a esses temas, sentimentos que se aprofundam. Assim, vamos fazer uma pausa e terminar este capítulo com outra interrupção para reflexão. Largue o livro, relaxe, fique à vontade e observe o que está acontecendo em sua mente e especialmente em seu coração.

Sinta-se à vontade para deixar o livro de lado depois de ler este parágrafo. Espreguice-se e permita-se sentir-se bem em seu corpo... harmonize-se com o ar que flui para dentro e para fora de seu nariz... com os movimentos de seu peito e abdome à medida que respira. Aperfeiçoe sua percepção de incluir os sentimentos em seu coração, exatamente no meio da respiração e, enquanto estiver mantendo a atenção na respiração e no coração, diga-se algumas vezes: "Eu me amo, assim como sou". Observe qual é a sensação de aceitar-se e de perdoar-se, e de sentir-se bem e perfeito aos olhos de Deus. Permaneça aberto a quaisquer pensamentos e sentimentos que receber; instile neles sua respiração; abra-se a uma nova experiência!

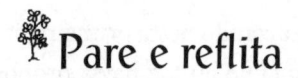

Pare e reflita

4

Dos sacerdotes... a Madalena

Chegamos agora a uma escolha bastante incomum e, afinal, inevitável. O cristianismo logo se transformou numa organização religiosa patriarcal dirigida por homens que excluíam as mulheres de postos de influência e de poder. Os Evangelhos parecem ter sido manipulados nesse sentido, a fim de reduzir o papel e a influência das mulheres. Quaisquer aspectos importantes mais femininos que pudessem ter havido no ensinamento de Jesus foram eliminados, a fim de tornar possível, e até inevitável, a religião dominada por homens.

Sim, à medida que os séculos se passavam e o povo ansiava pelas antigas deusas do panteão, a Igreja Católica pronunciou-se e permitiu que a mãe de Jesus se tornasse a representante feminina da história.

> Mas a Santíssima Trindade — o Pai, o Filho e o Espírito Santo — permaneceram masculinos ou indefinidos. O papa permaneceu indubitavelmente masculino, bem como os sacerdotes que representavam Jesus Cristo em todas as cerimônias da igreja. Uma dimensão feminina saudavelmente equilibrada nunca existiu na teologia cristã.

Um exame minucioso da Inquisição revela que, dos sete milhões de pessoas que foram assassinadas pelas autoridades eclesiásticas, quase todas eram mulheres.

> A Inquisição foi uma ampla e horrenda guerra religiosa contra tudo que era feminino. Dessa perspectiva, cristãos, judeus e muçulmanos,

todos têm em comum uma tradição e uma teologia que não apenas negam a igualdade do princípio feminino em face do masculino, mas subjugam e, quando necessário, perseguem ostensivamente suas mulheres.

Sou de opinião que devemos encarar essa realidade e nos empenhar em algum tipo de ação no coração e na vida. Neste capítulo iniciaremos um exame nesse sentido e em capítulos posteriores aprenderemos métodos de meditação concretos para equilibrar o masculino e o feminino em nossa interioridade e incentivar esse equilíbrio no mundo à nossa volta.

Em primeiro lugar, porém, para revelar ao leitor uma causa fundamental, ainda que incomum, de meus sentimentos em relação ao cristianismo e o feminino, gostaria de contar um sonho que tive no seminário que influenciou minha vida de maneira muito intensa. Não estou dizendo que esse sonho necessariamente refletiu a verdade histórica, mas emergiu de um lugar tão profundo dentro de mim que minha aceitação do domínio tradicionalmente masculino do cristianismo recebeu um tremendo solavanco. O leitor observará a grande semelhança entre meu sonho e a tradição da Virgem Negra, recentemente dramatizada em romances como *O Código Da Vinci*. Porém, àquela altura da minha vida, tendo acabado de chegar ao seminário, eu nunca tinha ouvido falar de uma tradição oculta referente a Jesus e Maria Madalena terem sido parceiros sexuais nem sobre a possibilidade de Jesus ter deixado descendentes. Por isso, o sonho foi um choque.

Madalena na prisão

No sonho, eu estava andando por uma vasta floresta de cedros, deleitando-me com a fragrância da montanha no ar, ouvindo os pássaros, observando uma corça e seu filhote afastarem-se tranquilamente à minha aproximação. Durante um bom tempo, eu estava numa trilha que se aprofundava na floresta e subia. De repente cheguei a uma pequena clareira e vi uma cabana à minha frente. Esgueirei-me para um lado para não ser visto e o que observei foi o que se segue, sabendo, de alguma maneira, quem era quem, pelo conhecimento que em geral acompanha sequências oníricas.

Enquanto eu observava, a porta da cabana se abriu e uma mulher saiu e olhou para o céu, onde nuvens de tempestade, vindas do Ocidente, começavam a se aproximar das montanhas. A mulher estava grávida de seis ou sete meses. Num relance compreendi que era Maria Madalena, a dileta amiga de Jesus. O choque de vê-la grávida foi aumentado pelo fato de que, de alguma maneira, eu tinha certeza de que ela estava grávida de Jesus, embora já se tivessem passado quatro ou cinco meses de sua morte.

De início, senti-me incrivelmente exultante ao me dar conta de que Madalena estava grávida do filho de Jesus. Mas aí percebi sua fisionomia angustiada e pálida, e minha disposição de espírito se abateu instantaneamente. Ela saiu da cabana caminhando temerosamente e trazia na mão uma sacola feita de um tecido bem grosso. Sem notar ninguém em volta da cabana, ela de repente começou a correr com todas as suas forças — e passou pelo lugar onde eu estava escondido.

Eu queria sair de onde estava e oferecer-lhe meu apoio; era bem óbvio que ela estava com medo, em perigo, e tentando fugir. Mas, como só acontece nos sonhos, meus pés não se mexiam; eu não conseguia gritar nem correr atrás dela. Em vez disso, sentei-me no chão da floresta por alguns minutos, deixando-me levar para longe do drama a que acabara de assistir, enquanto presenciava um inseto trabalhando diligentemente para arrastar outro inseto menor morto no chão, aos meus pés.

Subitamente meus nervos foram sacudidos pelo som de vozes irritadas que vinham da trilha mais abaixo. Olhei naquela direção e vi dois homens maltratarem fisicamente Maria Madalena e arrastarem-na de volta à cabana. Eu queria me levantar e correr em seu socorro, mas uma vez mais meu corpo não obedecia.

Obviamente contra a vontade dela, ainda que permanecesse calada, os dois homens empurraram-na para dentro da cabana e bateram a porta. De algum modo, eu sabia quem eram eles — os apóstolos de Jesus, Pedro e Tiago. Eu podia entreouvir o que eles estavam conversando quando se aproximaram do lugar onde eu estava escondido. Tiago estava abalado pela ideia de que Maria Madalena teria sido morta pelos romanos se tivesse conseguido voltar para a planície. Ela estava se comportando de maneira muito insensata.

Pedro concordava, mas eu podia perceber que sua intenção era mais funesta do que simplesmente manter Madalena refém para o próprio bem dela. Ele se mantinha inflexível em sua opinião de que a gravidez dela era uma ameaça a tudo o que Jesus havia tentado instituir com seus ensinamentos. Não poderia haver herdeiros genéticos ao trono de Jesus. "Provavelmente, a mulher nem está grávida de um filho de Jesus", resmungou Pedro, "ela sempre havia sido uma arruaceira, intrometendo-se entre Jesus e seus discípulos verdadeiros".

> E agora um grande cortejo de pessoas lá embaixo procurava Madalena, acreditando que ela fosse seu novo líder espiritual. "Não", insistiu Pedro, "temos de nos livrar dela de alguma maneira, para sempre". Se ela desse à luz o filho de Jesus, tudo estaria perdido.

Tiago tinha opinião diferente, ainda que houvesse prometido a Pedro que ela não escaparia. Pedro tinha algo importante que precisava fazer na Galileia nas próximas semanas. Tiago assegurou-lhe que Madalena estaria sã e salva na cabana, e ele ficaria de guarda. Pedro estava em dúvida, mas tinha outras coisas inquietantes na cabeça e finalmente concordou, afastando-se da cabana com andar pesado e dirigindo-se à planície. Tiago observou-o até desaparecer. Pude ver-lhe a expressão profundamente preocupada quando se voltou e entrou na cabana.

O tempo passou. Minha atenção novamente deixou-se levar a simples prazeres sensoriais à minha volta. Mas então uma nuvem se interpôs entre mim e o sol, e uma brisa fria intensificou-se, soprando impetuosamente por entre as copas dos cedros bem acima de mim. Levantei-me, consciente de que uma tempestade se aproximava e seria melhor eu descer a montanha. Porém, no momento em que me virava para iniciar a caminhada, a porta da cabana abriu-se novamente.

Tiago veio para fora, olhou à sua volta com desconfiança e depois chamou a mulher. Hesitante, Madalena saiu para a tarde gélida, com a sacola na mão. Olharam para a trilha onde Pedro havia desaparecido há algum tempo. Depois, com muita urgência, olharam um nos olhos do outro, caminharam juntos em volta da cabana na direção oposta e começaram a subir um caminho acidentado que levava ao outro lado da montanha.

Eu quis gritar para avisá-los de que uma tempestade estava chegando, que deviam esperar até que o mau tempo passasse, mas uma vez mais não consegui interferir na história — só pude permanecer mudo e observar os dois desaparecerem na floresta densa. Logo não havia mais sinal deles. O vento começou a soprar mais forte. Levantei-me e iniciei a descida da trilha pela qual eu subira, a mesma trilha que Pedro havia tomado para descer à planície.

A virgem negra em ascensão

Acordei do sonho com um sobressalto. Ao lado de minha cama, quando abri os olhos, havia uma linda mulher grávida de cabelos pretos. Sua barriga grande assemelhava-se à de Maria Madalena. De início fiquei confuso, mas depois me dei conta de que o que eu havia vivenciado tinha sido apenas um sonho. A mulher agora à minha frente era minha esposa, grávida de seis meses do meu primeiro filho. Eu tinha de assistir a uma palestra que ia começar em menos de meia hora, e ela estava me acordando para eu não me atrasar. Resmunguei alguma coisa sobre não estar me sentindo muito bem e virei para o outro lado, agasalhando-me com os cobertores, deixando-me levar de volta àquele sonho, tão real que eu dificilmente conseguia discernir a diferença entre aquela realidade e esta do estado de vigília.

O sonho não me deixava em paz. Fui educado como protestante, sem nenhuma Mãe Maria para cultuar, como os católicos. Assim, nunca dei muita atenção ao que aconteceu a Maria Madalena depois da morte de Jesus. Nem me aventurara a especular se Jesus e Maria Madalena tinham tido uma amizade platônica ou se, de fato, como no sonho, tinham sido parceiros sexuais.

> Mas agora a ideia não me saía da cabeça. Absorvia-me o pensamento de que essa mulher jovem e dedicada, que obviamente tinha sido platonicamente íntima de Jesus, conforme o indicam os Evangelhos, pudesse ter sido mais que isso. Extraordinariamente mais.

Encontrei-me no fundo da biblioteca do seminário descobrindo velhos textos que falavam muito sobre Maria Madalena — a maioria deles em termos hostis. Descobri a existência de uma tradição bem fundamentada, ainda que muito reprimida, a qual dizia que Maria Madalena, grávida de Jesus, havia fugido para a Gália, no sul da França, e ali teria dado à luz o filho de Jesus. Uma poderosa tradição espiritual e organização religiosa havia sido criada ali, com base nos herdeiros genéticos do trono de Jesus.

No cerne dessa tradição achava-se o que os livros chamavam de "A Virgem Negra", referindo-se a Maria Madalena. A Igreja Católica a considerava uma força maligna que lutava contra sua predominância no mundo.

Essa tradição da Virgem Negra histórica recentemente foi popularizada em livros, programas na mídia e discussões em igrejas. Parece provável que a história possa ser verdadeira, ainda que historiadores não disponham de indícios suficientes para ter certeza. Mas o que me impressionou profundamente no meu sonho e nas minhas investigações dessa tradição oculta foi a percepção edificante que tive de Jesus, não como um homem solitário cercado por seus doze discípulos masculinos, mas unido com uma forte parceira sexual e espiritual de astúcia e integridade caracteristicamente femininas, que equilibrava todos os aspectos da vida e do ensinamento dele.

No seminário, ao deixar essa possibilidade criar raízes dentro de mim, eu me dei conta de que para Jesus ser a presença espiritual fundamental em minha vida, eu necessitava de uma presença espiritual idêntica feminina. E de repente compreendi o que eu não tinha encontrado espiritualmente em toda a minha vida; a metade feminina da equação cristã.

Eu mesmo logo ia ser pai, estava apaixonado, tinha um casamento feliz e sabia por experiência própria como a união com uma mulher havia-me transformado. A ideia de que Jesus fora assim transformado por intermédio de uma união sexual e espiritual com Maria Madalena não apenas fazia sentido perfeito mas também tornou-se uma necessidade espiritual.

O toque feminino

Então, uma tarde, quando eu meditava, aconteceu. Eu estava sentado enfronhando-me na mesma meditação básica que vou ensinar aqui (embora o método já tenha avançado desde aquela época incipiente) e senti a presença de Jesus entrando em meu coração. De repente, senti algo mais em minha percepção. Não tentarei descrever o que senti porque é impossível traduzir adequadamente em palavras — além disso, quero que o leitor tenha sua própria experiência, se já não a teve. Basta dizer que senti uma presença feminina afluindo ao meu coração juntamente com a presença masculina de Jesus. Pela primeira vez, de uma maneira profundamente espiritual, senti-me inteiro.

Desde então, sempre que me abro à presença de Jesus, abro-me também à de Madalena. A união desses dois, parece-me ser o que constitui o Espírito Santo no plano experiencial. Simplesmente não

consigo imaginar, espiritualmente, Jesus sem Maria consigo. Juntos formam uma unidade.

Ao contrário, com Madalena fora da equação teológica, a igreja tradicional desequilibrou-se perigosamente na direção masculina. Em nossa época contemporânea, é surpreendente que a tradição católica ainda se recuse até a considerar a possibilidade de um papa ou líder eclesiástico do sexo feminino. Também vi a igreja presbiteriana quase igualmente dominada não apenas por homens mas também por atitudes masculinas. Na tradição protestante, o caminho do coração é quase inexistente, e todas as coisas consideradas femininas, como ternura, receptividade, orientação intuitiva e educação espiritual têm muita dificuldade para se desenvolver na atmosfera masculina.

Grandes psicólogos espiritualmente entrosados, como Carl Jung, escreveram com bastante eloquência (e acerto) sobre os perigos implícitos em organizações dominadas por homens. Nos negócios, com certeza (que é onde trabalho a maior parte do tempo atualmente), a antiga crença de que o sucesso resulta de um comportamento insensível e agressivo, em vez de cordial e cooperativo, está sendo rapidamente colocada de lado em favor de um enfoque mais sincero. O capitalismo é a expressão consumada de excesso do princípio masculino e insuficiência do feminino na equação — se não fizermos algo para conquistar um salutar equilíbrio masculino-feminino na economia global, é óbvio que o mundo ecológico estará condenado.

Igualmente importante é o perigo do desequilíbrio masculino-feminino para nossa saúde mental e espiritual. A educação cristã tradicional tende a produzir personalidade seriamente desequilibrada tanto em homens quanto em mulheres. Conservar a crença sacerdotal de que a Trindade é toda masculina pode ser funesto para a alma. Mudar para uma experiência meditativa masculino-feminina equilibrada pode salvar a alma de uma pessoa.

De maneira que, mais uma vez, temos a escolha; neste caso, continuar crendo e apoiando teologias que reforçam a predominância masculina da psique, ou abandonar essas crenças e adotar uma nova visão da totalidade na equação masculino-feminina.

Obviamente, houve muitos exemplos na história cristã em que o elemento feminino recebeu apoio, e alcançou-se um equilíbrio pelo menos temporário. Minha intenção aqui não é julgar; o que pretendo é dirigir a atenção na direção de um importante aspecto da doutrina da igreja e deixar o leitor decidir o que é mais salutar para o seu crescimento espiritual futuro.

O toque feminino é claramente pujante. Estou sugerindo o desenvolvimento de uma prática de meditação na qual o discípulo induza o toque feminino em sua vida espiritual. A maneira mais direta de conseguir isso é incluir Maria Madalena ao lado de Jesus na meditação. Não há necessidade de desenvolver nenhuma nova teologia grandiosa em torno dessa união masculino-feminina. Não fique pensando nisso, faça isso!

Pensar de um jeito novo

Neste livro, o leitor me encontrará muitas vezes fazendo afirmações como essa última, que dá a impressão de que estou menosprezando o pensamento humano em favor de uma mente serena e um foco experiencial ativo. Não me entenda mal, por favor. Cultuo e respeito nossas funções mentais mais elevadas. Mas faço distinção entre o pensar como um robô, geralmente — algo baseado num condicionamento da infância e em crenças não questionadas —, e o pensar inspirado, que provém de algum lugar mais profundo do que nossos pensamentos dispersos habituais.

Nesse aspecto, tenho grande respeito pela antiga tradição grega, em que o pensamento era reconhecido como o mais elevado meio para alcançar a liberdade espiritual. Mas a filosofia profunda daquela tradição era ela própria baseada nas mais elevadas funções reflexivas e intuitivas da mente racional. Na filosofia grega, usava-se o pensamento *para transcender o pensamento* mantendo-se a atenção num tópico específico e investigando-se mais e mais profundamente esse tópico por meio de percepções intuitivas e espirituais como parte da disciplina do ato de pensar.

Na verdade, na meditação que vou ensinar ao leitor, o primeiro desafio é aquietar o habitual fluxo tagarela de pensamentos e, em seguida, num estado mental tranquilo, dar toda atenção e ouvidos à voz mais profunda que lhe fala do âmago de sua sabedoria — e levar muito a sério esses novos pensamentos.

> O modo masculino de pensar é ativo, dominante, abre caminho à força, é loquaz e firme na imposição de suas atitudes e crenças. É o modo tradicional cristão, no qual a mente de uma pessoa é dominada por ideias, argumentos teológicos e crenças penetrantes. Ao contrário, o modo feminino de pensar é, primeiramente, ouvir, ficar em silêncio e refletir, e depois entregar-se à voz mais profunda que só surge quando os pensamentos habituais cessam.

No Novo Testamento, ouvem-se pouquíssimas vozes femininas. Segundo os homens que escreveram os Evangelhos, Maria Madalena tem algo a dizer? E o que realmente sabemos da mãe de Jesus? Perguntas desse tipo não têm respostas quando recorremos à igreja e sua dominação masculina. Mas podemos prontamente nos abrir e descobrir as qualidades femininas de nossa vida espiritual, permitindo que Maria Madalena (e qualquer outra presença espiritual feminina que venha a nós) toque habitualmente nosso coração.

Momento de reflexão

Que acha o leitor de tudo isso? Sim, estou desempenhando um papel bem masculino neste livro, expressando apaixonadamente meus sentimentos sobre essas sete escolhas que todos nós defrontamos em nossa vida espiritual. Mas também, constantemente, quero fazer uma pausa e dar ao leitor pleno espaço para respirar e deixar a poeira assentar. Deixe o livro de lado e se dê pelo menos cinco minutos para entrar em contato com seus sentimentos, suas ideias, necessidades e percepções espirituais.

Aqui, então, está outra pausa para a reflexão. Depois de ler estas palavras, sinta-se à vontade para deixar o livro de lado. Volte sua atenção para dentro, para sua respiração, seu coração, sua presença de corpo inteiro neste momento novo, e pergunte-se o que aconteceria ao seu relacionamento com Jesus (e consigo mesmo) se o leitor se abrisse e permitisse que a metade feminina ali estivesse também. Analise como se sentiria se permitisse que Maria Madalena em presença puramente espiritual fosse incluída em sua experiência meditativa. Permita à sua mente aquietar-se; respire; viva dentro do seu coração; e deixe-o dizer-lhe a verdade dele. Fique receptivo a quaisquer sentimentos e ideias que lhe sobrevenham!

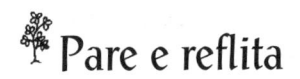

Pare e reflita

5

Da palavra escrita... ao Espírito Santo

O cristianismo tradicional se assenta numa devoção estrita e às vezes até fanática à documentação física da vida e dos ensinamentos de Jesus conforme as palavras impressas na Bíblia. Essa Palavra de Deus histórica e escrita é a base de toda a teologia e de todo o dogma da igreja. Com toda essa fixação constante em palavras e ideias escritas, não é de surpreender que os verdadeiros fiéis acabam por enredar-se no ato de *pensar em* Deus, em vez de vivenciar Deus diretamente no coração, na mente e na alma.

Neste capítulo, eu gostaria de examinar em maior profundidade o significado da escolha em curso na mente do leitor, entre concentrar-se na Bíblia escrita com toda a narrativa do passado e concentrar-se na experiência pessoal de saudar o Espírito Santo em seu coração e sua vida, aqui neste eterno momento presente que surge incessantemente. Conforme veremos, aqui e agora, é possível abrir-se para o Espírito e apreender diretamente a verdade, em vez de apenas travar conhecimento com ela por meio de leituras de relatos antigos de fontes indiretas.

> A escolha consciente e atual do leitor, entre passar da fixação em palavras e conceitos da Bíblia e vivenciar a comunhão direta com o Espírito Santo no coração e na mente, constituirá um grande salto rumo ao despertar espiritual. Esse salto de fé é objeto deste livro.

Espírito Santo

Às vezes, parece que todos os termos espirituais fundamentais na tradição cristã foram tão banalizados e tão mal-empregados que é impossível manter um diálogo profundo sem primeiro redefinir claramente cada termo em discussão. Tenho essa sensação cada vez que uso as palavras "Espírito Santo", principalmente porque em minha vida a expressão evoluiu tanto em sentido e importância que atualmente o significado que lhe dou é sensivelmente mais avançado em relação ao que lhe dava antes.

Assim, para dar início a este capítulo vital, gostaria de me estender um pouco sobre como entendo os termos "espírito", "Espírito", "Espírito Santo" e "Espírito de Deus". Em primeiro lugar, vamos examinar de que maneira os quatro Evangelhos empregam esses termos. Mateus nos diz que Maria "achou-se grávida pelo Espírito Santo" (Mateus, capítulo 1) Semelhantemente, Isabel "ficou repleta do Espírito Santo" (Lucas 1:41) e "o Espírito Santo estava sobre Simeão" (Lucas 2:25), de maneira que ele conhecia acontecimentos futuros.

> Jesus era "cheio do Espírito Santo" e batizava seus seguidores com o Espírito Santo. "O Espírito Santo, como uma pomba, desceu até ele" (Lucas 3:22). Posteriormente, "Jesus, pleno do Espírito Santo, voltou do Jordão e foi conduzido pelo Espírito ao deserto durante quarenta dias" (Lucas 4: 1, 2).

Diz-se que Jesus "exultou de alegria no Espírito Santo". Ele também nos garantiu que "o Pai do Céu dará o Espírito Santo aos que o pedirem" e "O Espírito Santo vos ensinará [...] o que deveis dizer [...] o Paráclito, o Espírito Santo que o Pai enviará em meu nome, vos ensinará tudo" (João 14:26). Nos Evangelhos, descobrimos que podemos ser "inspirados pelo Espírito Santo" e que não devemos "blasfemar contra o Espírito Santo" (Mateus 12:31).

Em Atos dos Apóstolos, que apresenta um relato do que ocorreu aos discípulos depois que Jesus se foi, há 40 referências ao Espírito Santo, nas quais as pessoas estão "cheias do Espírito Santo" ou "resistem ao Espírito Santo" ou "recebem o Espírito Santo" ou são "consoladas pelo Espírito Santo". Discípulos são "enviados pelo Espírito Santo" e seguidores são "batizados pelo Espírito Santo". Alguns são "impedidos pelo Espírito Santo" de ir pregar o evangelho na Ásia. Outros ouvem claramente o Espírito Santo lhes falando, ou eles próprios falam com as palavras do Espírito Santo.

> **Quando procuramos no Novo Testamento a palavra "Espírito" desacompanhada da palavra "Santo", mas grafada com "E" maiúsculo, descobrimos que "o Espírito do Senhor" era atuante na vida dos discípulos. "O Espírito de Jesus" influenciava os pensamentos e o comportamento das pessoas. "O Espírito de Deus" toca o coração dos homens.**

Em Mateus 10:19-20, temos a importante citação: "Quando vos entregarem, não fiqueis preocupados em saber como ou o que haveis de falar. Naquele momento vos será indicado o que deveis falar, porque não sereis vós que falareis, mas o Espírito de vosso Pai é que falará em vós". Em outro lugar lemos que Jesus foi "inspirado pelo Espírito", e as pessoas podem estar "cheias do Espírito e de sabedoria".

Com referência ao emprego do termo "espírito" com "s" minúsculo: há muitas referências a espíritos, tanto espíritos impuros quanto maus espíritos, mas também a espíritos comuns dos seres humanos. Lê-se que "o espírito está pronto, mas a carne é fraca" (Mateus 26:41). Jesus diz "felizes os pobres no espírito, porque deles é o Reino dos Céus" (Mateus 5:3). O Evangelho de Lucas 1:47 afirma: "Meu espírito exulta em Deus". E diz também, referindo-se a Jesus: "O menino crescia e se fortalecia em espírito". João 4:24 diz: "Deus é espírito, e aqueles que o adoram devem adorá-lo em espírito e verdade".

Temos aí, portanto, a maioria das referências importantes dos Evangelhos aos principais termos que se referem à presença invisível, contudo atuante de Deus em nosso mundo histórico-físico. Para mim essas referências são vivamente paralelas à minha experiência de como o Espírito aflui para a minha vida. Existe uma dimensão de consciência em que podemos abrir livre curso interiormente e ter acesso a uma comunhão direta com uma presença espiritual que, em última análise, é... Deus. E dessa presença espiritual até mesmo haurir inspiração e orientação bem específicas. Como psicólogo, venho analisando de que modo essa experiência pode ser estimulada intencionalmente, em vista da dinâmica cognitiva específica de nossa mente.

Permita-me relatar o que averiguei, porque esse nível de percepção pode fazer toda a diferença em oferecer-lhe o modelo conceitual detalhado para poder dar o grande salto de fé com toda a confiança e abrir-se para essa dimensão da consciência. Vou ser bem rápido nesta explicação porque este livro não é um tratado formal de psicologia.

O toque sutil

Muitas vezes, quando as pessoas falam sobre coisas espirituais, principalmente sobre o ato mesmo de o Espírito afluir à consciência de um indivíduo, a discussão torna-se esotérica demais e tropeça em velhos clichês. Certos pregadores do "movimento renascer", e exageradamente apegados à mídia, dramatizaram tanto e muitas vezes ridicularizaram a experiência interior e fundamentalmente individual do influxo do Espírito que muita gente de índole mais racional considera o fenômeno uma farsa.

É necessário ultrapassar os maus usos desse termo para podermos descobrir o grande poder da experiência. Nos últimos 35 anos (desde que a experiência concreta do influxo do Espírito aconteceu claramente em meu coração e em minha mente) venho trabalhando para alcançar um entendimento psicológico do que acontece exatamente na mente quando esta e o Espírito se encontram. Em geral, é uma experiência sutil na esfera da meditação, de maneira alguma um drama explosivo a ser tratado na mídia.

> Particularmente sinto que, quanto mais profundamente me envolvo na fusão de mente e espírito como experiência integrada, menos dramática a experiência se torna. Afinal de contas, é o nosso estado natural: viver nossa vida com nossa característica espiritual unificada com todo o resto de nossa função mental.

Assim, deixem de lado todos os estereótipos de pessoas rolando no chão e gritando em agradável agonia mística enquanto são atormentadas quase sexualmente pelo influxo do Espírito no corpo. Não me intrometo na vida dos outros para perguntar que tipo de experiência estão tendo, se é genuína ou não. Mas garanto que, geralmente, segundo o que observo, a experiência de ser tocado pelo Espírito Santo é extraordinariamente serena e sutil.

Na realidade, o desafio é ser sensível o suficiente para perceber o que está ocorrendo. Grande parte do processo de meditação que vou ensinar destina-se a ajudar o leitor a aquietar sua movimentada atividade mental e emocional a fim de que possa concentrar-se naquilo que está ocorrendo em níveis espirituais mais profundos.

Onde mente e espírito se encontram

Para ter uma compreensão mais clara de como mente e espírito se unem, necessitamos primeiramente explicar o cenário psicológico fundamental em que tudo ocorre. Cada um de nós tem naturalmente uma faculdade mental que denominamos percepção, ou consciência. Somos organismos como todos os outros organismos, capazes de perceber o ambiente à nossa volta por meio de nossos órgãos sensoriais, e também nosso ambiente interior.

Neste momento, o leitor está captando estas palavras por meio de sua percepção visual. Está consciente de seu corpo tridimensional aqui e agora, no instante presente. Os sentidos da audição, do paladar, do tato e do olfato o conscientizam de determinados aspectos do mundo físico. Além disso, seus músculos e tecidos têm nervos, o que lhe permite ter a sensação física de autopercepção e experimentar o fluir de emoções em seu corpo.

Logo, o indivíduo é um ser consciente no universo — dentro dos limites de seus sentidos. Contudo, desde tempos remotos as pessoas relatam experiências que estão além dos sentidos físicos comuns. Refiro-me a pessoas que têm um sexto sentido, por exemplo, e falam de sentimentos que transcendem o emocional. Há um sem-número de experiências que parecem inteiramente reais às pessoas que as têm e que, contudo, não podem ser descritas no contexto da psicologia da percepção. A experiência de ser tocado pelo Espírito Santo — ou estar pleno dele, ou de ouvir sua voz ou de ser guiado por ele, é uma dessas experiências inefáveis e contudo muito reais que a ciência não consegue compreender. Apesar disso, em nosso interior, sabemos que a experiência é real.

O que acontece de verdade na mente que possibilita, gera ou recebe uma experiência "espiritual" dessas? Para responder a essa pergunta, é necessário compreender que o cérebro possui uma função especial, mas bastante natural, muito diferente de sua atividade habitual de processar informações sensoriais e depois pensar sobre essas informações sensoriais em nível conceitual. Note-se a vasta região do hemisfério direito do cérebro, normalmente denominado intuitivo ou criativo. Ao que aparenta, esse hemisfério recebe estímulos de natureza mais sutil do que os estímulos perceptuais comuns.

A função intuitivo-criativa do cérebro destina-se a perceber o todo, em vez de fixar-se em pontos no espaço. Destina-se também a atuar somente no momento presente, em vez de deixar-se levar ao passado ou ao futuro. Essa região do cérebro concentra-se intensa e intimamente no aqui e agora, onde o Espírito é vivido.

A função intuitiva da mente concentra-se no hemisfério direito, mas as pesquisas sobre o cérebro têm descoberto que a nossa função intuitivo-criativa é algo de que o cérebro inteiro participa. Um exame de imagem do cérebro revela que num *flash* intuitivo o cérebro inteiro se ilumina; é assim que vemos o todo de imediato, do íntimo de nosso ser conhecemos a verdade de alguma coisa, e vivemos momentos em que transcendemos nossa sensação costumeira de quem somos. Mesmo sem nos aventurar em esferas "espirituais", possuímos uma imensa capacidade mental para ter súbitos *flashes* de percepção e lampejos intuitivos do momento presente.

Recentemente, o que tem prendido meu interesse sobremaneira são as pesquisas que mostram que a função intuitiva da mente não é apenas uma função dos quatro cérebros acomodados no crânio. Descobriu-se que o coração tem tecido nervoso quase idêntico ao do cérebro e que a comunicação entre os dois órgãos é tão constante que os pesquisadores cada vez mais estão se referindo ao coração como o quinto cérebro. Existem caminhos neurais maciços para comunicação entre coração e cérebro, e as informações transitam nos dois sentidos sem cessar.

> Os cientistas estão começando a compreender no aspecto neurológico por que as pessoas relatam que "falam do coração" e "sabem no coração" o que é verdadeiro em determinada situação ou como devem agir na vida. O coração é o centro de nossa experiência emocional, sem dúvida, e cada vez mais parece também ser o centro de nossa experiência intuitiva mais profunda.

Com efeito, os cientistas começam agora a ampliar a definição de cérebro incluindo não apenas o coração mas também o estômago e os intestinos, os quais interagem mui intimamente com o cérebro, além do maior órgão do corpo humano, a pele, que é uma extensa presença neurológica provida de substância neural muito semelhante à que existe no cérebro.

Quando os pensamentos sobre Deus se aquietam

A esta altura, o que parece claro, tanto pelos estudos de meditação quanto por investigações neurológicas, é que temos o potencial de funcionar quer em nosso modo normal de consciência (no qual geralmente estamos absortos em pensamentos, lembranças, imaginação ou resolução de problemas), quer num estado de consciência mais expandido. Quando estamos nesse estado de percepção expandida, intuitiva, de corpo inteiro no momento presente é que nos vêm experiências de qualidade mais efêmera, contudo não menos impactante.

> Temos essa faculdade por natureza. Estamos examinando aqui as maneiras mais eficientes de passarmos conscientemente para o modo intuitivo-espiritual, de modo que a pessoa normalmente se coloque em posição de receber estímulos de sua mente mais elevada e das esferas ainda mais profundas de sabedoria e aptidão espiritual.

Em síntese, eis o que descobrimos. Enquanto permanecemos no modo "radiodifusão", no qual fazemos algo com toda a energia ou estamos perdidos em lembranças do passado, ou imaginando o futuro, não estamos de maneira alguma no modo "recepção". O Espírito não consegue nos contatar. Enquanto nosso ego estiver dominando a cena, estaremos trancados nos jogos que ele elabora, jogos que limitam nossa consciência aos condicionamentos de nosso conjunto de expectativas, crenças, atitudes, compulsões e todo o resto de funções mentais baseadas no ego. Enquanto o pensamento estiver emitindo ruidosamente sua presença, a mente não conseguirá receber estímulos que venham de além da bolha do ego.

> É só quando aquietamos os pensamentos, quando silenciamos por um tempo nossas agitações, preocupações e manobras de poder, que nossa mente atinge o estado de calma, paz, confiança e receptividade necessário ao influxo do Espírito.

É óbvio, portanto, que pensar em Deus ou envolver-se em uma ou outra discussão teológica vai diretamente contra a oportunidade de nos abrirmos aos nossos níveis espirituais de consciência. A meditação fora de qualquer dogma religioso é o processo por meio do qual aquietamos nossos pensamentos, afastando o foco do passado e do futuro e voltando-o para a experiência do momento presente, que está ocorrendo aqui e agora.

Do ponto de vista da administração da consciência, existe sempre à nossa frente a escolha clara e vital de nos concentrarmos em palavras e pensamentos a respeito de Deus (ler a Bíblia, por exemplo) ou nos concentrar na experiência do momento presente, quando o Espírito pode afluir à mente e ao coração e tocar-nos diretamente.

Não estou dizendo que devemos parar de pensar para sempre, mas exatamente o contrário. Estou dizendo que precisamos aprender a aquietar nossa tagarelice mental costumeira, passar do modo cognitivo para o intuitivo da mente. E, por meio do toque do Espírito em nossa mente, permitir um fluxo de pensamentos inspirados, que serão de qualidade inteiramente diferente daqueles habituais sobre medo e poder.

A palavra escrita como plataforma de lançamento

Existem duas maneiras completamente diferentes de abordar a Bíblia, quase sempre chamada de a Palavra de Deus escrita. Podemos ler o texto da Bíblia com o objetivo de desenvolver um sistema intelectual ainda mais complexo que defina em conceitos e símbolos nossas convicções teológicas sobre Deus; ou podemos ler esse texto a fim de descobrir afirmações de importância vital que dirigem a atenção de nossa mente para além de palavras e conceitos, em direção a Deus como experiência no momento presente. Muitas pessoas fazem ambas. Leem a Bíblia (ou algum outro livro) buscando esclarecimento e sentido, mas em algum momento percebem que a mente passa naturalmente do cognitivo para o intuitivo e, durante um momento ou mais, os pensamentos silenciam e essas pessoas sentem algo.

Precisamente nesse ponto, em que os pensamentos cessam quando a pessoa está lendo e um lampejo intuitivo e percepção ocorre, a Bíblia deixa de ser um texto teológico e se torna uma plataforma de lançamento meditativa.

Segundo tenho observado, é esse lampejo súbito de sensação e contato com o divino centrados no coração que tornam a leitura da Bíblia muito agradável às pessoas. E, afirmam elas, essa leitura mudou-lhes a vida. Os conceitos teológicos, a documentação histórica e todo o resto, em si e por si, não produzirão experiência ou lampejo espiritual. É só quando a mente faz essa passagem para além das palavras que o Espírito estabelece contato conosco.

Esta abordagem meditativa da leitura da Bíblia necessita ser esclarecida, estudada e incentivada. Já li a Bíblia muitas vezes, e em cada vez senti-me aproximar da experiência mais e mais a partir desta expectativa, ou seja, de permitir que as palavras que leio ajudem a direcionar minha mente para o encontro com o Espírito. Quase sempre parece que são as palavras sacras que incitam o encontro com o Espírito, mas guardada a imparcialidade, parece que não é esse o caso. Digo isso porque posso ler outros textos espirituais de outras culturas religiosas ou mesmo de autores contemporâneos e também ser conduzido a um estado mental em que os pensamentos se dissolvem e o Espírito aflui.

Quando se entende a mensagem

Acho que muitas pessoas são de fato afeitas à Bíblia, sua única fonte de inspiração e contato com o divino. Espero que o leitor perceba, daquilo que acabei de dizer, que essa fixação na Bíblia como o único caminho para o influxo do Espírito é limitante e não necessária — nem mesmo válida. Um dos ditados favoritos do meu pai, criador de gado, era: "Quando se entende a mensagem, desliga-se o telefone". Para mim, num contexto espiritual, isso significa que uma vez que as palavras da Bíblia conduzem a pessoa ao Espírito, não é necessário concentrar-se excessivamente no veículo de entrega.

> Recomendo ao leitor que não se apegue muito a ler a Bíblia (ou qualquer outro livro, este inclusive) como seu único exercício espiritual, ou sua única maneira de abrir-se para o Espírito. Em vez disso, comece a dominar o processo de passar do modo de consciência cognitivo para o intuitivo-espiritual em muitas circunstâncias diferentes.

Qualquer experiência, seja qual for, que o ajude a aquietar a mente racional e entrar em contato com sua consciência intuitiva e espiritual mais profunda deve ser acalentada, tratada com carinho e incentivada. Aceitar a experiência do influxo do Espírito apenas no contexto tradicional cristão não apenas limita bastante nossa experiência do Espírito, mas é também negar a realidade de que o Espírito está em toda parte e em todas as coisas, e sempre pronto para vir a nós em todos os contextos.

Se o objetivo é viver no Espírito continuamente, então temos de deixar de lado a Palavra de Deus escrita como nosso único veículo de acesso e permitir que todas as coisas criadas por ele incentivem o influxo do Espírito.

Espírito Santo de corpo inteiro

Nos Evangelhos vimos que o Espírito Santo vem a nós não como um pensamento ou uma ideia, mas como uma experiência de corpo inteiro. Jesus estava "pleno do Espírito Santo". O Espírito de Deus toca o coração dos homens — não apenas a mente. Sem dúvida, quando nos abrimos para receber orientação, o Espírito toca nossos pensamentos bem como nossos sentimentos e ações, mas sempre existe a sensação de que o Espírito aflui ao nosso ser físico inteiro. O ato de ser tocado pelo

Espírito abrange todas as nossas percepções — somos engolfados pela experiência.

> Isso significa que, para incentivar o influxo do Espírito em nossa vida, precisamos aprender a manter habitualmente um estado de percepção de corpo inteiro. Temos de estar presentes no aqui e agora, onde o Espírito vive, se nosso objetivo é sentir o poder, a glória e o consolo do toque de Deus em nossa vida.

Eu gostaria de começar ensinando ao leitor a meditação "de corpo inteiro" básica que ensino em todos os meus livros, porque é o lugar de início permanente de abertura para percepções intuitivas, sabedoria genuína e o toque de Deus. Quando não estamos conscientes de nossa presença de corpo inteiro, não há como sentir o toque do Espírito em nossa vida — portanto, aprender como se faz é um desafio. É simples — siga as etapas deste processo da maneira como descrevo:

> Enquanto continua a leitura, amplie sua percepção de maneira que também fique consciente da sensação do fluir do ar para dentro e para fora do nariz à medida que respira [...] volte a atenção de sua mente para o mundo sensorial do aqui e agora [...] deixe que sua percepção se amplie naturalmente para incluir o fluir do ar para dentro e para fora do nariz, e também os movimentos de seu peito e abdome à medida que respira [...] e agora amplie a percepção para incluir os sentimentos em seu coração, bem no meio de sua respiração [...]. E para a ampliação final de sua percepção de corpo inteiro, permita que sua atenção se amplie e inclua todo o seu corpo de uma vez, aqui neste momento presente.

Eis o caminho mais direto que conduz da concentração em pensamentos à percepção do momento presente. A todo lugar que vou, ensino esse processo como forma fundamental de meditação. Incentivo enfaticamente o leitor a começar a memorizar as etapas até que se torne uma segunda natureza e lhe permita ingressar em harmonia nessa consciência de corpo inteiro. Por quê? Porque nesse estado de consciência ampliada o Espírito flui naturalmente para a nossa bolha individual de percepção e nos transforma num ser espiritual consciente.

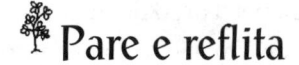

Momento de meditação

Mais uma vez, aqui estão as quatro etapas desse estado de consciência de corpo inteiro:

1. Sinta o ar fluindo para dentro e para fora de seu nariz.

2. Sinta também os movimentos em seu peito e abdome à medida que respira.

3. Ao mesmo tempo, harmonize-se com os sentimentos de seu coração.

4. Amplie sua percepção de todo o corpo, aqui neste momento presente.

Pare e reflita

6
Da crença... à experiência

Como vimos no capítulo anterior, quando optamos por administrar nossa mente de maneira que vivamos cada vez mais no momento presente, estamos decidindo viver onde Deus pode estar em contato conosco e viver em nós e por intermédio de nós. Minha maneira de entender o ensinamento mais profundo de Jesus é que o caminho espiritual nos conduz a uma esfera de consciência onde Deus está intensamente, e até animadamente, em nosso coração, mente e alma.

> **O único grande poder que temos na vida é a capacidade mental de excluir Deus de nossa consciência. Para mim, psicologicamente, isso é a experiência da "grande queda", que chega para quase todos nós em algum momento da infância.**

Parece que as crianças muito novas estão sempre vivendo no reino dos céus — são radiantes no momento presente, não estão perdidas no passado nem no futuro, não fazem julgamentos; simplesmente vivem seu eu espiritual natural. Jesus indicou isso claramente quando disse que, se quisermos entrar no reino dos céus, devemos ser como crianças.

Depois nossa mente desenvolve a capacidade de criar um conceito de nós mesmos: uma "identidade do ego" constituída de experiências pessoais do passado amalgamadas com conceitos e atitudes predominantes que herdamos de nossa cultura. Tornamo-nos uma personalidade distinta, uma identidade individual assentada em minuciosos pensamentos, atitudes e crenças sobre quem somos e sobre o significado da vida.

Essa função do ego predominante na mente na realidade é fundamental para a sobrevivência humana; ela chama a si a tarefa essencial de supervisor, garantindo que nossa identidade individual e nosso corpo continuem sobrevivendo e desenvolvendo-se. Surgindo de uma função da mente competitiva e fundamentada no medo, o ego dá as ordens e controla nossos pensamentos e as atitudes que tomamos. Não demora muito, o ego passa a acreditar que é o centro do universo e que o pensamento lógico, o planejamento da vida e a ação são deuses fundamentais que devem ser idolatrados. O ego também tende a tomar a seu encargo crenças religiosas que satisfaçam seus objetivos de sobrevivência fundamentais, inclusive, se possível, a vida eterna, por isso se espera que a sobrevivência continue no futuro... para sempre.

À medida que ficamos mais velhos e nos tornamos cada vez mais apegados a nossas atitudes e crenças entranhadas, tendemos a evitar qualquer nova experiência incompatível com nossas crenças sobre quem somos e sobre o significado da vida e procuramos não tomar conhecimento de nenhum tipo de acontecimento desse tipo. Desde muito cedo, também nos conscientizamos de que, se não controlarmos nossa mente para nos adaptar à sociedade, poderemos ser considerados malucos e trancafiados. Desse modo, excluímos as experiências que poderiam ser consideradas malucas (inclusive experiências espirituais profundas de uma realidade que está além da realidade materialista que a nossa sociedade aceita) e nos limitamos a pensamentos e experiências aceitos pela sociedade.

À medida que crescemos, nossa bolha de consciência vai-se tornando cada vez menos permeável. Evitamos qualquer experiência ou ideia ameaçadora. Impedimos, quase sempre de forma automática, que nos passem pela consciência estímulos que ameaçariam ou violariam nossas crenças e atitudes relativas ao significado da vida.

Nesse processo, quase todos nós acabamos por excluir a experiência espiritual do nosso mundo cotidiano.

Muito possivelmente, foi isso que aconteceu ao leitor, se acha que abrir seu coração aos mistérios espirituais mais profundos da vida não é uma ocorrência natural comum. Se o leitor for como a maioria das pessoas, seu ego lhe terá excluído da mente experiências interiores incomuns a ponto de a própria ideia de se abrir a uma consciência mais ampla que a de seu ego poder lhe parecer estranha, ameaçadora ou completamente tola. Pode acreditar em Deus Pai, Deus Filho e Deus Espírito Santo como um conceito teológico grandioso, mas isso não significa que seu coração tenha permanecido aberto para experimentar a realidade espiritual infinita e radical por trás dessas palavras.

Vivemos numa sociedade que não provê quase nenhum apoio ou orientação psicológica razoável para os jovens que deparam com a experiência espiritual. Eles têm de procurar apoio em crenças fundamentalistas limitantes ou prosseguir por conta própria — ou excluir a experiência.

Espero que este livro incentive uma alternativa mais razoável, pela qual os adultos maduros falem abertamente sobre experiências espirituais, incentivem-nas em sua vida de maneira equilibrada e ofereçam apoio aos jovens quando estes se abrirem e descobrirem a identidade espiritual deles.

Crenças e emoções

As crenças por definição são inteiramente voltadas para o passado. Da mesma maneira, todos os nossos pensamentos, ideias e atitudes se assentam no passado. O pensamento é um processo reflexivo. Na maioria das vezes, a mente não pode estar absorta em pensamentos e focalizada em experiências simultaneamente. Isso significa que não podemos pensar no que está acontecendo agora neste momento que surge. Assim que começamos a pensar no que está ocorrendo, fixamo-nos numa lembrança recente, não numa experiência presente. O pensamento é reflexivo — e aquilo sobre o que ele reflete é a lembrança, ainda que essa lembrança esteja há apenas cinco segundos no passado. Portanto, os pensamentos sempre nos afastam do momento presente e nos distanciam do ponto experiencial em que o Espírito entra em nossa vida e habita em nosso coração.

Toda a teologia cristã é baseada em crenças, ideias que vivem na função passado/lembrança/intelecto da mente. Por exemplo, os cristãos acreditam que Cristo morreu pelos pecados deles. *Essa crença nada mais é que uma ideia.* Uma ideia pode gerar um sem-número de reações emocionais que nos tocam profundamente. Nossos pensamentos têm grande capacidade para evocar emoções. Essa emoção, porém, está sendo estimulada por um processo cognitivo do cérebro. Temos de ser cuidadosos ao estabelecer diferença entre emoções geradas por nossos pensamentos e os sentimentos interiores gerados pela experiência direta.

> Se o leitor se julga um pecador incorrigível, concentrar-se nesse pensamento sem dúvida o fará sentir-se mal, culpado e tudo o mais, certo? Se acredita que Jesus morreu por seus pecados, essa crença estimulará emoções de culpa por ter causado a morte de alguém, mas também uma emoção libertadora com o pensamento de que foi salvo para todo o sempre pela morte de Jesus.

O leitor também pode fixar a atenção na crença de que Cristo se importa com ele e o ajuda, e esse pensamento lhe trará consolo. À medida que sua mente associativa passa de uma fé a outra, o leitor pode achar-se dando atenção à crença de que nunca vai morrer, que irá para o céu e viverá para sempre — e, sem dúvida, essa fé o induzirá a sentimentos maravilhosos no seu coração e no seu corpo.

Portanto — visto que ideias e crenças podem estimular boas emoções em seu corpo —, acreditar na teologia cristã fundamental pode fazê-lo sentir-se muito bem. Eis o poderoso impacto da crença cristã. Ela pode nos fazer sentir bem! Na minha infância eu vivia com essa fé e quase sempre tinha sentimentos absolutamente jubilosos.

Mas... dúvidas me atormentavam. E se minhas convicções fossem incorretas? E se o cristianismo não fosse verdadeiro? Dúvidas desse tipo afligem a vida religiosa, porque crenças em última análise nada mais são que ideias esperançosas.

Podemos fundamentar nossa vida em convicções religiosas grandiosas, mas como não temos conhecimento direto de que essas crenças sejam verdadeiras, vivemos atormentados por dúvidas — o que significa dizer que vivemos com medo. Fundamentar nossa vida em crenças é escolher viver com medo. É muito importante perceber essa realidade psicológica.

O fato psicológico inevitável é que, para nos libertarmos do medo, precisamos renunciar a nossas crenças e voltar a atenção para vivenciar aquilo que é verdadeiro em nossa vida. Temos de correr riscos, temos de dar saltos incertos, de nos largar e ter fé. Precisamos dizer: "Estou cansado de fundamentar minha vida em ideias religiosas que não sei se são ou não verdadeiras. Quero deixar de lado essas *crenças* e abrir-me para a *experiência*, diretamente, para o que é verdadeiro e real no âmago de minha existência".

No início, passar da crença à experiência direta parece perigoso e assustador. Quando, porém, examinamos a situação atentamente, verificaremos que o que na verdade assusta é permanecer trancado em ideias questionáveis sobre a realidade espiritual, em vez de nos abrirmos para conhecer essa realidade diretamente. Nunca chegaremos além da angústia da dúvida se não travarmos contato com a segurança do conhecimento direto. Certamente, é por isso que Jesus disse: "Conhecereis a verdade, e a verdade vos libertará".

Experiência — o eterno presente

A todo momento, no nível mais básico, temos a escolha de duas maneiras diferentes de usar a mente. Podemos permanecer trancados em nosso processo de pensar e imaginar, processo esse em que ideias e imagens fluem através da mente e que se baseia no modo pelo qual nosso ego decide manipular e reconstruir o passado; ou podemos desviar a atenção para o momento presente perceptual e espontâneo, em que o fluxo do tempo desaparece.

A realidade perceptual física é, claro, puramente uma ocorrência do momento presente. Não há futuro tangível — seria possível evocar mentalmente uma imagem fantasiosa do que poderia acontecer no futuro, mas isso nada mais é que um construto, uma construção puramente mental. O mesmo acontece com relação ao passado — podemos armazenar na memória experiências que tivemos no passado, mas, quando nos lembramos delas, nós as recriamos no momento presente. Até a lembrança ocorre no aqui e agora. Os filósofos têm meditado sobre essa verdade há séculos e chegam sempre à mesma conclusão, ainda que ela conteste nossas suposições.

É óbvio que, se não há de fato passado nem futuro, a não ser em nossa imaginação e nos bancos de memória, só poderemos sentir o Espírito e Deus no momento presente.

> **Não encontraremos a presença viva de Jesus voltando em nossa mente dois mil anos na história. Não encontraremos Deus pensando no futuro, no céu. Só vivenciamos a realidade espiritual aqui e agora.**

Curiosamente, entretanto, viver com crenças e imaginações dá-nos uma grande segurança. Muitas pessoas morrem de medo diante da possibilidade de um encontro direto com Deus. É seguro viver imerso em sistemas de crenças que estão sempre congelados em nossa mente, um lugar tranquilo ao qual podemos ir e que gera emoções agradáveis e reconfortantes em nosso coração quando insistimos em manter essas crenças. Em minha opinião, isso é um vício espiritual. Incentivamos bons sentimentos, mas evitamos a realidade. Permanecemos dentro da criação religiosa da mente em vez de permitir que a realidade do Espírito se manifeste em nosso interior.

Nesse sentido, todas as crenças religiosas são ídolos. Durante milhares de anos o culto sacerdotal incentivou as pessoas a adorar estruturas de fé em vez de adorar apenas a realidade do Criador. Como isso pôde acontecer se a Bíblia diz claramente que não devemos adorar ídolos?

Conheço pelo menos parte da resposta. Os sentimentos originados em nosso coração pela adoração às criações de nosso pensamento levam-nos a acreditar equivocadamente que estamos em contato com a coisa verdadeira. E há o aspecto sempre presente do temor ao sacerdote de que, se o indivíduo abandona suas crenças, algo muito funesto lhe acontecerá.

Essa é a natureza da manipulação baseada no medo que o culto sacerdotal impõe às pessoas, e esse estado de coisas necessita ser focalizado por uma luz bem intensa para que todos o compreendam com clareza. Evidentemente, a maioria dos padres, ministros e pastores estão simplesmente enredados nas mesmas crenças, e não manipulando conscientemente o povo. Mas a estrutura subjacente dos sistemas de crenças religiosas tradicionais é quase sempre fundamentada numa teologia baseada no medo e em falsas esperanças.

Conhecer a verdade

Que fazer? Cabe ao leitor escolher. Decidir que quer se abrir e vivenciar o que é real, em vez de viver com crenças questionáveis e esperanças incertas. Como realizar essa abertura? Primeiramente, observar até o cerne da questão o fato lógico de que todas as crenças têm suas raízes no pensamento abstrato. Assim que o leitor aquietar esses pensamentos e focalizar a atenção da mente no momento atual, poderá deslocar-se do domínio do passado, das crenças, e estimular seu ajuste com o momento presente.

Aqui e agora, sem mais hesitações, o leitor está em posição de conhecer a verdade da vida. Este é o momento. Se sinceramente pretende descobrir a verdade da espiritualidade, para além de todas as crenças, essa verdade lhe será revelada. Conforme a promessa de Jesus: "Pedi e vos será dado; buscai e achareis; batei e vos será aberto" (Lucas 11:9).

O influxo do Espírito Santo é sempre uma experiência. Visto que nunca podemos ter a mesma experiência duas vezes (pela própria natureza do fluir do tempo orgânico planetário), nossa experiência espiritual será sempre nova. Não pense o leitor que todas as vezes que se tornar receptivo ao Espírito terá a mesma experiência. É justamente o contrário — nunca se sente o Espírito duas vezes da mesma maneira.

Isso é muito importante. É simplesmente impossível formar um conceito válido do que é o lampejo espiritual com base em experiência anterior, visto que a próxima vez que nos abrirmos para o Espírito e tivermos essa experiência, ela será nova! Isso é o que significa viver no momento eterno: este é infinito, está sempre surgindo e é sempre surpreendente. É a maneira que Deus organizou este universo; portanto, é assim que vivemos a nossa vida. Sempre nova, a cada novo momento.

É exatamente por isso que as *crenças nos distanciam de Deus* — porque elas tornam-se rígidas e ficam presas na experiência e expectativa passadas, ao passo que cada novo momento ocupa uma nova realidade, uma nova expressão da presença de Deus em nossa vida.

Decidir viver num sistema de crenças é decidir deixar-se levar cada vez mais profundamente para um passado que só existe em nossa mente. Preferir viver na experiência do momento presente, que nun-

ca cessa de surgir, é estar em íntima comunhão com a criação e a presença de Deus, aqui e agora.

Jesus afirmou essa verdade de muitas maneiras. Ele nos disse: "O Reino dos Céus está próximo" (Marcos 1:15), aqui, não no futuro. Ele nos disse que só com a sinceridade e a espontaneidade das crianças é possível entrar no reino dos céus. Disse-nos que observássemos os lírios, que têm sua beleza extraordinária sem sequer pensar nem planejar o futuro. Disse-nos que não nos preocupássemos sobre o que haveremos de dizer em situações difíceis, mas que confiássemos na sabedoria e no poder mais profundos do Espírito, que agirá por meio de nós se permanecermos concentrados no momento presente.

Portanto, quando leio na Bíblia certas citações atribuídas a Jesus que me fazem pensar em crenças e concepções teológicas, desconfio de que estou lendo palavras que foram colocadas na boca de Jesus. Mas, quando leio palavras atribuídas a Jesus que incentivam genuína conscientização espiritual do momento presente e comportamento espontâneo concentrado no coração, sei que estou lendo a coisa verdadeira e reflito seriamente sobre esses preceitos.

Momento de experiência

Vamos continuar — vamos fazer uma pausa mental para que o leitor permita que a mensagem lida desloque a atenção de sua mente para sensações e experiências do momento presente. A essência da meditação é concentrar a atenção no momento presente, ao mesmo tempo que deixamos nossa consciência ampliar-se para incluir mais e mais da criação do "aqui e agora" imediatos de Deus. No âmbito da meditação, ao fim e ao cabo, o leitor verificará que suas crenças se dissolvem inteiramente, e sua consciência amplia-se infinitamente, de modo que você e Deus são verdadeiramente vivenciados como um só — é a experiência espiritual suprema, até no meu entender. Essa é a essência da meditação: acolher a experiência do momento presente de maneira que deixemos de lado a identidade limitada do ego e vivenciemos uma sensação mais profunda de quem somos, enquanto nos unimos ao Espírito e nos tornamos indivisos.

Assim, leitor, enquanto lê estas palavras — e como um processo para aprender a fazer isso por sua própria conta — comece a ampliar sua consciência para que ela inclua as sensações de seu nariz, enquanto o ar flui para dentro e para fora... e para dentro novamente... e a seguir amplie a consciência para que ela inclua também os movimentos de seu peito e abdome enquanto respira. Quando estiver preparado, comece também a conscientizar-se dos sentimentos de seu coração deste instante e amplie sua consciência para incluir todo o seu corpo, aqui e agora; Concentre-se também nos sons à sua volta, na sensação de volume e profundidade do espaço que o rodeia, nos odores do ar, na pressão branda do ar em sua pele, na atração gravitacional que nos prende à Terra. Respire em consonância com a totalidade dessa experiência e diga a si mesmo: "Meu coração está aberto a uma experiência nova"; à medida que respira em consonância com esse momento novo, perceba a experiência nova que chega.

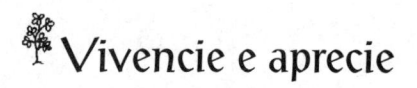

Vivencie e aprecie

7

Da vida futura... ao eterno agora

Grande parte da eterna fascinação cristã é certamente a promessa de que nunca teremos de morrer se aceitarmos Cristo como nosso salvador. É o melhor argumento que o mundo já ouviu — quase todos temem ter de enfrentar a extinção. Quem não daria qualquer coisa para conseguir evitar por completo a morte?

Naturalmente, para que haja promessa de fuga eterna da aniquilação pessoal, deverá existir algum lugar para onde iremos depois que nosso corpo físico deixar de existir. Nesse aspecto, quando eu cursava o seminário, achei curioso descobrir que o judaísmo tradicional pré-cristão fazia pouquíssimas referências a uma vida futura celestial.

> A crença num lugar além-túmulo, perfeito, no firmamento, para onde os verdadeiros fiéis vão após a morte física, parece ter começado historicamente na época de Jesus e atingiu pleno desenvolvimento meio século depois.

Do ponto de vista antropológico, ao que parece, os seres humanos primitivos desenvolveram a capacidade mental de recordar o passado muito antes de começarem a desenvolver a capacidade de prefigurar um salto imaginado no futuro. Pode-se dizer que o passado existe porque nós podemos nos lembrar individualmente do que aconteceu "no passado". Mas o futuro é muito mais efêmero — a não ser na imaginação, nenhum de nós já teve experiência do futuro. Até onde pude verificar, foi só na época de Jesus que essa paixão nova e impetuosa relativa ao destino futuro de nossa alma passou a existir. Iniciou-se com os muito inovadores filósofos gregos, passou aos filósofos romanos, um tanto imitadores, e depois aos filósofos cristãos.

> **Demorou a chegar, mas logo que a ideia de céu começou a criar raízes na mente humana, um rastilho de pólvora instalou-se no mundo — uma paixão pela vida eterna que ainda consome corações com a torturante esperança de que talvez não tenhamos de morrer como entidade de ego, afinal.**

Mesmo nos mais antigos documentos das pregações dos discípulos após a morte de Jesus, o clímax que se seguia à fórmula repetitiva de pecado-culpa-salvação era a promessa de que, se dermos nossa alma totalmente a Cristo, nosso Senhor e Salvador, não apenas nos livraremos de nossa natureza pecaminosa mas também receberemos a eterna bênção de viver em nossa bolha de ego individual para sempre.

Talvez seja importante observar que seiscentos anos depois de Jesus ainda estavam surgindo comunidades cristãs e, em muitos casos, desenvolvendo-se em todo o Oriente Próximo. Até na cidade árabe de Meca havia uma respeitada comunidade e escola cristã, que Maomé visitou e onde provavelmente até tenha estudado. Quando Maomé (um novo profeta da linhagem de Abraão, Moisés e Jesus) começou a fundar sua nova religião, ele instituiu muito claramente a existência e o fácil acesso a um céu perfeito no firmamento, a sedução principal de sua religião. Até superou os cristãos incluindo "de quebra" um grande número de jovens virgens.

Em religiões mais antigas como o taoismo, o hinduísmo e o budismo, também se oferecia inequivocamente a experiência de uma dimensão de vida eterna. Mas a abordagem oriental para chegar à vida eterna se dava por meio de um processo de meditação em que os praticantes abandonavam a identidade do ego terreno finito e uniam sua alma experiencial ao divino infinito. O cristianismo oferecia algo radicalmente novo: a esperança de poder levar o ego conosco quando morrermos e continuar desfrutando a identidade do ego individual no céu, da mesma maneira que na Terra.

Por que essa oferta de vida eterna para o ego dominou de tal maneira as teologias cristã e muçulmana e por que transformou as duas religiões relativamente novas nas mais difundidas da face da Terra? O que há com relação à morte do corpo e do ego psicológico que nos amedronta a tal ponto que venderemos a alma a quem quer que nos convença de que há um modo de evitar a morte?

Enfrentar a morte — sem medo?

Uma das verdades básicas com relação ao fato de nascer neste planeta é que ninguém sai vivo daqui. Começamos no útero e terminamos na sepultura — ou seja lá onde for. Nossa vida é uma progressão linear finita, quer gostemos, quer não. Nosso corpo tem embutido um código de expiração. Se os seres humanos vivessem para sempre, o planeta ficaria tão superpovoado que seria o fim de todos.

> Para o bem das novas gerações, nós, os velhos rabugentos, precisamos aceitar o fato de que vivemos uma vida plena e depois desimpedir o caminho. Assim é a nossa existência terrena. Vivemos uma vida longa, se tivermos sorte, e depois morremos e damos lugar para a próxima leva de crianças.

A condição de mortal não é problema para os animais. Eles não têm a característica de consciência desenvolvida que os possa fazer imaginar que poderiam de alguma maneira continuar vivendo indefinidamente pelo futuro. A consciência é algo misterioso e maravilhoso que nos permite ter acesso a níveis de realidade que transcendem o plano físico. Na meditação ou mesmo nos momentos de compreensão súbita e espontânea, podemos de repente nos conectar com uma consciência maior do que a nossa percepção do ego. Se sentimos que de alguma maneira somos "mais" que o alcance de nossos sentidos físicos, é claro que nossa mente começa a refletir e a imaginar o que esse "mais" poderia ser.

Como já dissemos, muito antes de Jesus e de Maomé introduzirem a crença de um futuro celestial, tanto a tradição taoista da China quanto a hinduísta e a budista do sul da Ásia ensinavam que pela meditação podemos nos tornar um com Deus e unir nossa consciência pessoal à Consciência Infinita.

Curiosamente, entretanto, essas grandes tradições orientais não instituíram nenhuma crença numa divindade pessoal. Não criaram nenhuma fé baseada numa relação pessoal com um Deus que seria um ser humano exatamente como nós, com todas as nossas emoções e pensamentos elevados a um nível de expressão infinito.

Em vez disso, essas religiões antigas ofereceram uma crença divergente, mais particularmente, uma crença que podia ser comprovada por meio de um encontro interior direto na meditação com a realidade fundamental do universo. Esse caminho meditativo possibilitava às pessoas transcender a morte ao experimentarem, no momento presente, a existência de uma união entre a consciência individual e a Consciência Infinita.

O cristianismo e o islamismo deram um passo radical mais à frente em suas promessas, e tiveram tanto sucesso, em parte pelo menos porque oferece ao nosso ego algo mais do que apenas uma experiência geral de unicidade com o divino. Essas duas religiões ofereciam, e continuam prometendo insistentemente, a existência de um Deus muito pessoal, que se relaciona conosco homem a homem (ou Deus masculino a mulher) e acolhe pessoalmente com prazer não apenas nossa alma mas também a personalidade de nosso ego no abraço eterno da bem-aventurança celestial.

É uma promessa absolutamente magnífica — mas há um obstáculo. Um exame cuidadoso revela que essa promessa se baseia tão somente numa crença sem comprovação da veracidade do que alega e intrinsecamente não averiguável; uma crença que implica possibilidades futuras que não podemos estabelecer como verdadeiras ou falsas antes de morrer. E então, bem — o que recebermos, recebemos. O futuro nem sequer existe até tornar-se o momento presente, de maneira que não há como saber o que vai acontecer.

> Assim, ainda que tivéssemos a fervorosa esperança de que nossa identidade psicológica individual continua existindo após nossa morte, não há certeza de que isso seja verdade. De modo que com a intensa esperança de uma vida futura vem a dúvida perturbadora de que a crença não é verdadeira — e essa dúvida se faz acompanhar de uma angústia existencial que contamina gravemente a alma cristã.

Jesus ensinava — na direção oposta a uma promessa de recompensa na vida futura — que o momento presente é onde se encontra o Espírito e onde o reino dos céus está ocorrendo, e não em algum lugar no futuro. "O Reino dos Céus está próximo" é uma indicação clara de que devemos nos concentrar no momento presente, e não no futuro. Sim, também conheço a citação de Jesus em que ele diz que vai preparar-nos um lugar no céu (João 14:2). Mas em minha abordagem não ortodoxa dos Evangelhos, quando encontro ensinamentos de Jesus tão totalmente contraditórios, avoco-me o direito espiritual, na meditação, de examinar qual dos ensinamentos soa autêntico e quais parecem ser acrescidos para dar apoio a determinada teologia.

Minha leitura dos Evangelhos e, muito mais importante, minha experiência em meditação e na vida em geral me dizem, em primeiro lugar, que Jesus atingiu um ponto em que não temia a morte física. No meu modo de entender, ele, como ser espiritual altamente avançado, estava sem dúvida constantemente num estado de consciência ampliada no qual era um com Deus no eterno momento presente.

Sabia de experiência imediata, como nós todos também podemos saber, que somos maiores do que nosso ego pensa que somos. Sabia que, embora seu corpo em determinado momento naturalmente cessaria de existir, sua consciência profunda, eternamente una com Deus, de alguma maneira continuaria. E por isso: "morte, onde está o teu aguilhão?" (I Coríntios 15:55).

Acho que uma das mais profundas lições que podemos aprender quando nos concentramos na presença viva de Jesus é que não temos de temer a morte. Não há como saber o que acontece quando morremos — isso pertence ao futuro. Mas no ato mesmo de nos pormos em contato com Jesus na meditação, temos a experiência imediata de que estamos aqui, agora, existindo num momento presente eterno, que se encontra fora do fluxo de nosso tempo linear e transitório de vida-morte.

Em minha opinião, esta é a solução racional e sensata para o nosso medo da morte. Sim, morreremos e entraremos numa consciência imaterial. Não, não podemos confiar em qualquer promessa de que iremos para um céu que imaginamos. Antes, podemos vivenciar de imediato em meditação e comunhão com Deus nossa natureza espiritual eterna.

Finalmente, sim, nosso ego tem de começar a lidar com a realidade psicológica de que seu construto de uma identidade pessoal fundamentada em acontecimentos pessoais passados deixará de existir ou sofrerá alguma transformação que, sinceramente, ninguém pode imaginar — porque está além do âmbito da experiência física na qual se baseia toda a nossa imaginação.

É uma situação duzentos por cento perfeita, um paradoxo como a maioria das situações espirituais. Sim, vamos deixar o tempo linear terreno e deixar de existir nesse nível biológico. E, sim, até nesse momento estamos conscientes e participando do eterno momento presente que não cessa de existir.

O melhor que podemos fazer é concentrar a atenção aqui no momento presente e viver plenamente neste céu na Terra, nossa ventura. Preocuparse com o futuro, ou imaginar o futuro, é voltar a atenção para algo que nem sequer existe. É um desperdício de precioso tempo espiritual.

A presença de Jesus aqui e agora

Gostaria de contar ao leitor uma impressão e experiência íntima que dá suporte a tudo o que tenho a dizer neste livro. Depois de ser expulso da igreja cristã por questionar demais as afirmações do culto sacerdotal, além de meditar também demais, empreguei muito do meu tempo de folga em âmbitos não cristãos, explorando as profundezas das experiências meditativas taoistas, zen, hinduístas e budistas. Serei sempre grato pelo que aprendi nesses enfoques não ocidentais de Deus.

A certa altura, entretanto, como já observei, percebi subitamente que quando abria meu coração para estabelecer comunhão com Deus em meditação ou de outra maneira, eu continuava a sentir a presença de Jesus. Durante certo tempo, meu coração e minha mente permaneceram fechados para essa presença pessoal, mas finalmente compreendi que minha atitude negativa para com as coisas cristãs estava me isolando de uma realidade que transcendia a teologia e a doutrina eclesiástica.

Abri-me novamente e, com efeito, a presença de Jesus como mentor, guia, consolador e tudo o mais despertou uma intensidade de experiência espiritual em mim que eu simplesmente não estava conseguindo atingir enquanto meditava em estado mental budista ou zen. Às vezes, eu havia sentido a presença pessoal de Buda em meditações, mas esta não era minha tradição e, de alguma maneira, quando me entregava à presença espiritual de Jesus, algo mais profundo acontecia.

Portanto, posso dizer claramente que há poder e graça especiais, pelo menos para mim, ao abrir o coração à mais alta (se é que posso dizer isso sem nenhuma intenção de julgar) presença espiritual pessoal de minha própria tradição. Caso contrário, eu não estaria escrevendo este livro.

Às vezes, pelo menos, necessitamos de orientação e apoio do mais alto elo que podemos encontrar para chegar ao Deus todo-poderoso. Para mim, Jesus é sem dúvida esse elo. Maria Madalena é igualmente esse elo quando necessito de uma qualidade mais feminina em minhas meditações. E, certamente, o Espírito Santo é a presença espiritual dominante do princípio ao fim.

Talvez devamos refletir um pouco nessas diferentes propriedades da tradicional Trindade cristã e como poderão evoluir para uma nova visão dos múltiplos caminhos pelos quais podemos estabelecer um elo com o divino.

A nova trindade

Em primeiro lugar, Deus Pai é uma expressão da teologia judaica tradicional. Os israelitas eram extremamente paternalistas, assim como todas as tribos semíticas do Oriente Próximo — e a maioria assim permanece. Não vejo de maneira alguma Deus como figura paterna. Esse conceito é obviamente antropomórfico e de um nível de fé religiosa muito baixo. O criador deste universo inteiro (e provavelmente de universos múltiplos) está muito além da dualidade sexual em que apenas uma parte da reprodução neste planeta se fundamenta. Para mim, a primeira parte da Nova Trindade é Deus Criador, não Deus Pai.

Na prática da meditação e em qualquer momento de nossa vida, podemos entrar em contato imediato com essa presença criativa espiritual infinita. Às vezes ainda consigo receber sensações de Deus como imagem do pai e aceito essas sensações. Afinal de contas, quando eu era criança experienciava meu pai como Deus de algumas maneiras. Mas, como adulto, é claro que não crio uma teologia em torno de Deus como ser sexualmente masculino.

A um nível humano mais pessoal, podemos também nos concentrar numa presença espiritual que foi uma vez um ser humano individual e, por meio desse contato mais pessoal, podemos entrar numa qualidade especial de despertar espiritual. Para mim, isso ocorre por meio de Jesus e Maria Madalena. Juntos, os dois representam, no meu entender, o que era tradicionalmente denominado Deus Filho. Contudo, desejo ampliar essa segunda parte da Nova Trindade nela incluindo todos os seres espirituais despertos que viveram nesta Terra em determinada época e após a morte física continuam à nossa disposição quando nos abrimos e pedimos orientação e auxílio.

Muitas pessoas buscam uma sensação emocional muito pessoal e sentido de relacionamento íntimo com esses elos espirituais/humanos para Deus, como se pretendessem contornar relacionamentos humanos. Pessoalmente, já não me empenho no sentido de conseguir um contato emocional pessoal demais na meditação.

As emoções humanas são reações hormonais bioquímicas pré-programadas de nosso corpo físico a várias situações. Eu sinto que a experiência da comunhão espiritual é, de alguma maneira, bem diferente das emoções de intimidade e contiguidade que vivenciamos no relacionamento sexual e no relacionamento pessoal. Em minha opinião, deveríamos buscar emoções humanas com nossos semelhantes.

Na meditação há uma purificação da qualidade de nossas emoções. A relação entre nosso coração mortal e o divino espiritual infinito em primeiro lugar cura nossos traumas e ânsias emocionais, depois nos transporta para uma qualidade de paz, amor, acolhimento e conhecimento além de nossas reações emocionais animais — isto é, de fato, a paz que transcende toda a compreensão humana.

A terceira parte da Nova Trindade é, naturalmente, o Espírito Santo. Devo dizer que é neste atributo da Trindade que costumo com mais frequência concentrar minha atenção meditativa. Quando estou experimentando emoções extremas ou fazendo exame de consciência abro-me para a presença, orientação e apoio de Jesus e de Madalena.

Geralmente, entretanto, anseio por aquela sensação harmoniosa, mas não emocional, do influxo do Espírito e do amor em meu coração, em minha mente e em minha vida. Jesus trouxe o Espírito e o amor para o coração de seus discípulos. Nutrir esse influxo é para mim o verdadeiro intento espiritual.

Sim, neste enfoque da vida espiritual pós-cristã, permanece uma consciência da Trindade. O fato essencial da Trindade une Jesus e Madalena com o Espírito Santo como nossa base humana de relação espiritual. E cada uma das linhas que se elevam até a grande altura de Deus Criador nos une ao infinito divino. Sempre que entramos em meditação, nunca sabemos em que nível vamos encontrar espontaneamente a Trindade. É isso que torna a meditação tão interessante — cada vez que a praticamos somos naturalmente guiados e conduzidos a uma experiência singular de nossa relação com Deus.

Não a minha vontade, mas a tua

É imprescindível compreendermos que é o nosso ego que teme a morte iminente. Possivelmente (embora eu não tenha nenhuma certeza) nossa personalidade, com tantas experiências acumuladas desta vida, dissipar-se-á por completo quando morrermos fisicamente. E o ego com certeza desaparecerá se nossa personalidade desaparecer. Assim, é claro, a morte faz o ego morrer de medo!

Entretanto, em tudo o que tenho escrito recentemente, tenho examinado o fato perceptível de que o ego tem a capacidade de aprender, desenvolver-se e vir a entender seu fundamento da existência. Sinto que meu ego está agora integrado em minha sensação espiritual mais profunda de quem sou e já aceita, sem nenhum temor, a possibilidade de sua própria extinção.

Essa é uma das grandes dádivas naturais da meditação habitual: o ego amadurece e, a pouco e pouco, liberta-se de seus temores

mais antigos. Quando o ego abandona seus temores biológicos pré-programados, torna-se parte integrante do processo espiritual de cada um, contribuindo para dirigir com firmeza a atenção da mente para rumos muito convenientes.

Em última análise, estamos sempre preferindo nos concentrar em coisas que nos fazem reagir com medo e agressão ou naquilo que nos suscita amor e cooperação. Uma vez que abandonemos crenças e fixações baseadas no medo e nos abramos para viver no momento presente eterno — uma vez que renunciemos às manipulações, renunciemos às atitudes egocêntricas e esforços que visam a efeitos positivos futuros e, em vez disso, entreguemos-nos a uma orientação maior em nossa vida —, atingiremos maior eficiência em nossas ações.

Trata-se de escolher entre ser dominado pela nossa vontade animal ou por nossa vontade superior. Jesus colocou a questão em termos exatos com referência à sua própria relação com Deus: "Não a minha vontade, mas a tua" (Lucas 22:42). Podemos gerir nossa vida quer com base em nossas reações animais e motivações egocêntricas, quer entregando-a à orientação da Inteligência Maior do universo.

Uma vez que nos conscientizamos de que há escolha, claro está, a escolha deixa de existir. Quem preferiria arriscar-se a gerir sua vida com a inteligência e perspectiva seriamente limitadas do ego quando existe uma consciência maior da qual podemos nos valer, uma consciência que vê o todo, compreende a visão mais ampla e nos guia rumo a uma experiência de vida mais satisfatória? Quem desejaria levar uma existência baseada no medo e na ganância quando se pode ter uma vida baseada no amor e na fé? Dada a escolha, quem preferiria apostar na função ego da mente contra a função espiritual mais elevada?

A questão, porém, não chega nem a reduzir-se a essa escolha. Conforme já observei antes, o surpreendente é que quando abrimos o coração para deixar que a vontade superior se expresse por meio de nós, nosso ego não é expulso, ele é transformado. O ego não perde sua função quando o Espírito age por meio de nós. Na verdade, quando experimenta a orientação do Espírito, o ego fica mais que ansioso para entregar-se à orientação e à sabedoria mais elevadas.

> Nossa mente está continuamente avaliando nossas circunstâncias e tomando decisões sobre a melhor maneira de agir em seguida. Tudo o que acontece quando nos abrimos para o Espírito é que essas decisões começam a ser orientadas por uma sabedoria e um poder mais elevados. Podemos dizer lampejo intuitivo se não quisermos dizer Espírito. No fim, é a mesma coisa.

Para mim, não existe na verdade divisão entre a função intuitiva mais elevada da mente e nosso funcionamento quando unimos a consciência individual com a Consciência Maior. Em meus livros de negócios, nem menciono a palavra "Espírito", porque quando abrimos o coração e a mente à função intuitiva mais elevada da mente e nos sentimos ligados com nosso fundamento interior do ser, naturalmente nos expandimos até essa experiência não importa o nome que ela tenha. Nosso eu superior está em comunhão natural com a inteligência infinita do universo. Vamos chamá-la de Deus, lampejo intuitivo, sabedoria, seja o que for, ela é real. Podemos entregar a vontade do ego a essa vontade maior, e crescer!

> O importante é criar um exercício meditativo habitual com o qual aprendamos a administrar a mente para nos abrir ao nosso eu superior, à orientação espiritual e ao toque de Deus em nossa vida. É o que vamos examinar e aprender a fazer no restante deste livro.

Agradeço ao leitor por atravessar, com coragem, quem sabe, a primeira parte deste livro. Sei que para muitos foi um tanto melindroso. Contudo, foi absolutamente essencial expor e reavaliar velhas crenças e atitudes às quais as pessoas talvez tenham sido condicionadas, para que possam começar a descartar crenças que não lhes servem e efetuar uma abordagem mais realista e experiencialmente verdadeira de sua vida interior. Queira voltar a essas argumentações e a nos contatar *on-line* para obter mais orientações de experiências e ver discussões em fóruns desses sete temas essenciais.

No restante deste livro vamos ser mais específicos na identificação dos ensinamentos de Jesus que indicam diretamente um caminho meditativo para uma comunhão habitual com Deus, qualquer que seja o seu nome. O desafio é aprender a abrir o coração ao influxo do amor e à orientação de nosso ser superior e, por extensão, a toda a inteligência, compaixão e sabedoria do Criador de nosso universo e mais além.

Momento de reflexão

O leitor poderá ler o que vem a seguir agora mesmo, assimilar cada sugestão nova e aspirar o ar em consonância com o poder dessa sugestão para suscitar experiência e reflexão dentro de si.

Fique à vontade... relaxe... livre-se da tensão... espreguice-se e boceje um pouco se quiser. Acomode-se em posição confortável... concentre-se na sensação de sentir o ar fluindo para dentro e para fora do nariz... e nos movimentos do peito e do abdome. Conscientize-se também das emoções de seu coração e em sua presença de corpo inteiro, aqui e agora...

Observe que tipo de experiência lhe advém quando profere cada uma das afirmações a seguir, uma após outra, e aspire por alguns momentos em consonância com as emoções e reflexões que surgem:

"Renuncio a imagens ideais de Cristo... e abro-me à presença de Jesus."

"Aquieto meus pensamentos... e abro-me aos sentimentos de meu coração."

"Renuncio a ser um pecador... e abro-me ao perdão e ao amor."

"Renuncio às escrituras... e abro-me à inspiração — agora mesmo."

"Renuncio às minhas crenças... e abro-me à experiência espiritual."

"Renuncio aos sonhos do futuro... e abro-me para a vida eterna — agora mesmo."

E agora renuncie a todas as palavras e aspire em consonância com uma nova experiência.

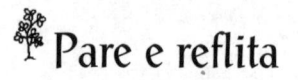

Pare e reflita

Segunda parte

Viver a nova relação

Na segunda parte deste livro, eu gostaria de examinar com o leitor um sentido qualitativamente novo de relação espiritual que surge com Jesus no momento presente quando focalizamos certas palavras muito poderosas que, segundo citações, Jesus pronunciou — palavras que, de maneira bastante franca, ajudam a despertar o Espírito em nossa vida aqui e agora.

Jesus declarou que sua intenção não era revogar a lei mas cumpri-la. Queria nos mostrar como nos libertar de censuras religiosas e conhecer a verdade sem intermediários. Em seus ensinamentos, ele ofereceu vários novos mandamentos que transformam radicalmente nossa relação com Deus. Contudo, parece que depois de dois mil anos sua verdadeira mensagem espiritual raramente foi ouvida com clareza ou produziu efeito. Nesta seção examinaremos atentamente sete mandamentos fundamentais e edificantes que Jesus nos deu. Considerados num todo, indicam claramente o caminho para uma relação nova e imediata com o divino na qual alcançamos o céu aqui neste momento presente.

8

"Não tenhais medo... não julgueis"

Jesus parece ter dito muito pouco sobre o que devemos *evitar* fazer na vida. De fato, nos quatro Evangelhos há apenas duas afirmações que, segundo citações, ele pronunciou, em alto e bom som, que têm uma conotação negativa. Também são os mandamentos mais perspicazes que já soaram nos ouvidos humanos. Essas citações colocam-se como nosso principal desafio psicológico se pretendemos trilhar o caminho que Jesus seguiu.

Em meus estudos de teologia, história da igreja e todas as outras disciplinas de quando cursava o seminário, eu abordava a doutrina cristã sobretudo do ponto de vista de um psicólogo. Eu já havia completado a maior parte de meus estudos de psicologia antes de ingressar no seminário, portanto, naturalmente, costumava considerar os ensinamentos da Bíblia com uma pergunta fundamental em mente: será que o que estou lendo faz sentido racional e espiritual, sabendo o que sei de como a mente funciona e como os seres humanos funcionam?

Neste primeiro capítulo, vamos dar atenção ao âmago do gênio psicológico de Jesus considerando as duas prescrições negativas que ele estabeleceu como maciças pedras de alicerce para dar apoio ao nosso caminho do coração. No poder e na sabedoria contidos nessas prescrições, descobriremos todo o alcance da cura psicológica — e também o caminho mais direto para o despertar espiritual.

É surpreendente que Jesus precisou de quatro palavras apenas para sintetizar toda a tradição da terapia e psicologia ocidentais. Com essas quatro palavras, identificou e neutralizou as duas funções da mente humana que causam 90% de nosso sofrimento emocional, conflito físico e confusão mental geral e desesperança. Estamos falando, naturalmente, do medo e do costume de julgar. Essas duas funções cognitivas da mente são responsáveis por quase todos os nossos pensamentos, atitudes, emoções e ações negativas.

> **Pensamentos baseados no medo subjazem a todas as nossas preocupações, hostilidades, tensões e agressões. E a função julgadora da mente trabalha intimamente com o medo, gerando reações, emoções e ações negativas.**

Os psicólogos compreendem agora que toda agressão e raiva têm origem numa reação de medo. Em geral, se o indivíduo não é ameaçado, ele não será agressivo. Se não estiver com medo, não gerará tensão emocional suficiente para sentir raiva — uma vez que a raiva surge diretamente do medo.

Enquanto permitirmos que a nossa mente funcione no automático na maioria das vezes, tendemos a nos enredar em pensamentos inquietos, em julgamentos negativos, na estreiteza crônica do mundo, que tem base no medo. Jesus viu claramente essa dinâmica humana fundamental e declarou com toda franqueza, não faça isso! Não julgueis. Não tenhais medo. Fim da discussão.

Além do medo — rumo ao amor

Renunciar ao medo e ao ato de julgar é, naturalmente, algo mais fácil de dizer do que fazer — ou não é? Quase todo o meu trabalho como terapeuta resumia-se em ensinar as pessoas a deslocar a atenção de pensamentos e imaginações crônicos, sentenciosos e baseados no medo na direção de experiências interiores mais produtivas. Eu empregava uma bateria de técnicas terapêuticas complicadas para auxiliar as pessoas a avançar lentamente por meio de seus medos infantis e julgamentos condicionados. A certa altura, porém, compreendi que a extrema simplicidade dos sucintos mandamentos de Jesus, "Não tenhais medo" e "não julgueis", trazia uma solução notavelmente simples na forma da declaração.

É importante observar que Jesus não agiu como terapeuta com seus discípulos nem levou anos ajudando-os a resolver seus hábitos mentais negativos e assustadores. Em vez disso, deu-lhes a ordem clara de simplesmente assumir o controle da mente e parar de se fixar naqueles hábitos — imediatamente!

Depois que compreendi isso, passei uma década fazendo o papel de psicólogo, pesquisando como a mente pode de fato deslocar-se imediatamente para longe da função medo-julgamento do cérebro na direção de funções mais compassivas e expansivas da mente. Durante vários anos, esse processo de "deslocamento cognitivo" básico parecia escapar ao meu entendimento. Até que subitamente, quando meditava — não quando cogitava nem enquanto fazia pesquisa —, veio a compreensão.

De posse de instrumentos cognitivos adequados, temos o poder, a todo momento, de nos afastar do medo e do julgamento. Na realidade isso não é difícil de fazer — simplesmente temos de entender que temos a escolha, agora, de continuar fixando-nos em pensamentos e imaginações interiores, que são assustadores e julgadores, ou voltar a atenção para pensamentos e experiências confiáveis e insuspeitos.

O que me possibilitou divisar de repente um caminho para além do medo e do julgamento foi ter-me dado conta de que Jesus não apenas estabeleceu seus dois mandamentos negativos e simplesmente foi embora. Também nos indicou positivamente o melhor lugar onde concentrar o poder de atenção da mente. Disse: "Amai-vos uns aos outros como eu vos amei" (João 13:34).

> Extraordinário psicólogo que era, Jesus sabia que não podemos nos fixar no medo e no julgamento e nos concentrar no amor e na confiança ao mesmo tempo. Em qualquer momento determinado, ou estamos enredados em pensamentos angustiados, agressivos, torturantes, ou estamos concentrados no acolhimento e no amor. O mandamento fundamental de Jesus foi que nos concentrássemos no acolhimento e no amor.

Com seu corajoso mandamento: "Não tenhais medo" (Mateus 10:31), Jesus não estava exigindo que fizéssemos algo impossível no aspecto psicológico. Ele estava indicando que sempre temos a escolha de (se aprendermos a fazê-la) concentrar a atenção no medo ou no amor. Quando falamos sobre andar no caminho do coração, é exatamente sobre isso que estamos falando: estamos escolhendo a cada momento onde concentrar a atenção de nossa mente.

Segredos do deslocamento cognitivo

Quando lemos os Evangelhos, notamos que muito do que Jesus ensinava referia-se a onde decidimos concentrar o poder de atenção de nossa mente. Quando disse: "Considerai os lírios" (Lucas 12:27), ele estava chamando nossa atenção para percebermos os lírios. Quando disse: "O reino dos céus está próximo", estava indicando o lugar exato onde concentrar nossa atenção para entrar no reino dos céus.

E quando disse: "Não tenhais medo" — "não julgueis" — "amai-vos uns aos outros", ele estava claramente indicando que devemos deslocar nossa concentração de pensamentos e imagens que geram medo e julgamento e colocá-la no centro do amor em nosso corpo — o coração.

A qualquer momento, a maior parte de nossa atenção está concentrada no passado e no futuro (pensando, imaginando, tramando, recordando, preocupando-se e tudo o mais) ou no momento presente (percebendo, sentindo e relacionando-se). Quando examinamos minuciosamente o medo, descobrimos que é quase sempre um processo que envolve o passado e o futuro em nossa mente. A menos que sejamos ameaçados fisicamente por um leão, um caminhão ou um valentão no momento presente, nossas angústias dizem respeito ao que poderia ocorrer no futuro, com base em fatos ruins que ocorreram no passado.

A preocupação é sem dúvida uma fixação relacionada com o passado e o futuro. O amor, ao contrário, é algo que sentimos no coração no momento presente. A angústia é provocada por pensamentos. O amor é uma experiência que nos envolve como um sentimento de corpo inteiro, aqui e agora.

Isso significa que, para seguir o conselho enérgico de Jesus de evitarmos ser enredados pelo medo, temos de aprender a deslocar nossa concentração em pensamentos relativos ao passado e ao futuro e nos concentrar na experiência de nosso coração no momento presente. O mesmo se dá com o ato de julgar. Julgar é um produto da nossa mente quando esta projeta suas atitudes, critérios e estereótipos numa pessoa ou numa situação. Julgamento é um pensamento associativo que nos priva de uma participação direta no momento presente e nos separa completamente daquilo que estamos enfrentando.

É claro que não podemos deixar de fazer distinção entre luz vermelha e luz verde. Tenho certeza de que Jesus não estava falando de simples discriminação quando disse: "Não julgueis". Ele se referia ao nosso hábito crônico de categorizar tudo o que deparamos, de colocar pessoas e fatos em cubículos, uma atitude baseada em experiências passadas, em vez de nos abrirmos para uma experiência singularmente nova do momento presente. Nesse aspecto, Jesus dizia que devemos ter a mente de crianças para entrar no reino dos céus, isto é, viver o máximo no momento presente para não sermos sugados pelo hábito de julgar ou pelo medo em todas as circunstâncias que enfrentamos.

Consciência em primeiro plano

Se você costuma se ver preocupando, julgando, enredado em pensamentos negativos que o forçam a sair do reino dos céus no aqui e agora, então o que pode fazer para seguir os mandamentos de Jesus e abandonar os julgamentos e preocupações? O primeiro passo é tornar-se mais consciente dos pensamentos que você permite que lhe passem pela mente o tempo todo.

> Cuidado com seus pensamentos habituais. Toda vez que se surpreender ruminando fatos negativos que aconteceram no passado ou que teme possam ocorrer no futuro, entenda, bem lá no fundo, que esses pensamentos são a origem da maior parte do seu stress e da sua angústia.

Em outras palavras, você está se torturando. Ninguém o está forçando a ter pensamentos que o deixam tenso e apreensivo ou que o fazem julgar e resmungar. O mandamento fundamental para controlarmos nossos pensamentos é inerente ao alerta de Jesus que nos estimula a deixar de julgar e de nos preocupar. Esse é, sem dúvida, um dos atos espirituais fundamentais que um ser humano pode aprender a praticar.

Uma grande parte da estratégia sacerdotal de manipulação em todas as culturas e todas as épocas depende de fazer as pessoas acharem que não têm poder sobre o que acontece a elas. Declarando com doutrinas que o indivíduo nasce pecador incorrigível, os teólogos asseveram que ele é uma vítima indefesa. Nossa natureza animal inevitavelmente acabará por nos arrastar para baixo e não há nada que se possa fazer, a não ser acreditar no jogo sacerdotal de vender a alma em troca de alguma força ou poder fora de nós que nos salvará de nossa própria natureza.

> Do ponto de vista da psicologia, essa mentalidade de vítima que a doutrina cristã apresenta não é um entendimento verdadeiro de nosso potencial mental. Conforme a ciência cognitiva vem demons-

trando cada vez mais, nós temos, sim, o poder interior de administrar nossa mente, de aquietar pensamentos negativos e prejudiciais e de nos concentrar em pensamentos e experiências que nos elevem e nos tornem completos.

Assim, gostaria de propor o desafio ao leitor especificamente de que comece a observar seus pensamentos à medida que lhe passem pela mente. No início, não tente mudar nada neles. Concentre-se na sua respiração e, ao mesmo tempo, observe que pensamentos começam a atravessar-lhe a mente. Fique sempre atento ao que está de fato acontecendo em sua mente, seja quando está trabalhando, quando dentro de um coletivo, passeando, escovando os dentes, tomando uma ducha, fazendo amor, seja quando for. Esse é o primeiro passo para livrar-se de hábitos mentais que não o ajudam.

E atente para isto: o medo faz a consciência contrair-se. Quando estamos angustiados, a consciência sofre um colapso. O julgamento produz o mesmo efeito; nossa percepção reduz-se a uma função cognitiva da mente que bloqueia nova experiência e nos prende num raciocínio que não comporta comparações. Por outro lado, quando acolhemos e amamos as pessoas e circunstâncias que nos são adversas, sem julgamento nem angústia, nossa consciência expande-se de modo extraordinário. Temos experiências mais intensas e permitimos que participem as funções espirituais mais elevadas e mais intuitivas da mente. Além disso, *você* está sempre fazendo a escolha com base no modo que controla sua mente, seja com a percepção reduzida ou expandida.

Renunciar ao medo e ao julgamento

Somos vítimas de nossos hábitos mentais e condicionamentos culturais — até nos dar conta de que temos a capacidade de concentrar o poder de atenção de nossa mente onde quer que escolhamos. É a principal função egoica da mente: dirigir a atenção na direção mais importante a cada momento novo. Se o leitor é como a maioria das pessoas, terá desenvolvido hábitos mentais defensivos bem cedo na infância. Preocupa-se com o que poderia acontecer e emprega processos cognitivos para encontrar uma solução na tentativa de manejar sua vida para evitar todos os perigos possíveis.

Até certo ponto, essa postura defensiva talvez seja necessária. Mas quando o julgamento e a preocupação dominam seus pensamentos e sucessivamente provocam emoções perturbadoras que abalam não apenas seu prazer, mas também sua saúde e crescimento espiritual, é hora de assumir o controle de sua mente e reconcentrar de modo deliberado sua atenção em rumos que lhe sejam mais convenientes.

Como eu disse anteriormente, isso é muito simples de fazer, uma vez que a pessoa se dê conta da importância vital do deslocamento cognitivo — da fixação no passado e no futuro (enredado em pensamentos) à concentração mais intensa no momento presente (foco na experiência). Quando o indivíduo está perdido em pensamentos, está basicamente fora do corpo e do momento presente. Quando decide concentrar-se na experiência do próprio corpo, no aqui e agora, volta ao momento presente. Os pensamentos perturbadores se aquietam e o indivíduo entra novamente no reino dos céus. O início da meditação que você aprenderá na última parte deste livro vai lhe ensinar esse processo de deslocamento cognitivo. Eis uma amostra introdutória do processo.

Momento de reflexão

Tranquilamente faça que sua atenção (mesmo enquanto lê estas palavras) inclua a experiência do momento presente do ar fluindo para dentro e para fora de seu nariz... sinta de fato a sensação do ar entrando e saindo rapidamente... concentre-se na essência mesma de seu ser, uma criatura viva respirando a atmosfera da terra — esse é você!

Agora, aprofunde-se mais no momento presente, conscientize-se dos seus movimentos do peito e do abdome ao respirar; amplie a experiência da mente a fim de perceber o volume que se expande e se contrai dentro do peito e do abdome cada vez que você respira... e, bem no meio dessa experiência de momento presente, conscientize-se também dos sentimentos que encontra em seu coração no momento em que respira...

Agora observe o que acontece em sua mente e seu corpo quando diz a si mesmo: "Renuncio a minhas preocupações e julgamentos e abro o coração ao amor". Pronuncie essa declaração de intenção repetidamente e deixe que essas palavras despertem experiências interiores; deixe que sua percepção se amplie e inclua tudo o que o momento presente lhe traz agora.

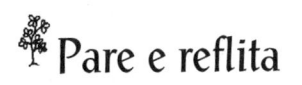

Pare e reflita

9

“Observai os lírios do campo, como crescem, não trabalham nem fiam”

Ao que parece, há dois mil anos as pessoas estavam ocupadas controlando (ou descontrolando) a mente do mesmo modo que controlamos hoje. Mais de uma vez Jesus observou que seus discípulos se enredavam em preocupações com o futuro — e várias vezes ele encontrou meios de sugerir uma maneira diferente de atravessar cada novo dia. Era frequente servir-se da natureza como exemplo positivo. Nesse aspecto, seus ensinamentos indicam uma visão mística e ao mesmo tempo totalmente pragmática, de que a própria natureza, a criação perfeita de Deus, mostra-nos como viver nossa vida.

Conforme mostrei com mais detalhes em meu livro *Seven Masters, One Path*, Jesus ensinou a abordar a vida de uma maneira muito semelhante à que foi ensinada pelo antigo mestre taoista chinês Lao-Tsé. Para um e para outro fazia pouco sentido urdir intrigas e empregar ardis para atingir os objetivos visados.

> **Em vez disso, ambos ensinaram que existe uma maneira radicalmente diferente de sobreviver e até mesmo de se desenvolver no mundo e que essa maneira pode ser observada diretamente na natureza considerando a vida sem esforço e “irrefletida”, contudo bem-sucedida de plantas e animais.**

“Observai os lírios...”, essas flores cumprem sua natureza sem raciocinar, sem se preocupar, sem nenhum estresse nem trabalho. Vivem plenamente o aqui e agora. De maneira semelhante, Jesus afirma que, quando vivemos plenamente no momento presente, quando renunciamos ao julgamento e ao medo e permitimos que a força da vida e o Espírito preencham nossa vida, vicejamos como os lírios — florescemos natural e alegremente.

Eis a citação direta do Evangelho para que o leitor possa ver com exatidão o que Jesus tem a dizer sobre tudo isto: "Observai os lírios do campo, como eles crescem, não trabalham nem fiam. E eu vos digo que nem mesmo Salomão, em toda a sua glória, se vestiu como qualquer deles. Pois, se Deus assim veste a erva do campo, que hoje existe e amanhã é lançada no forno, não vos [vestirá] muito mais a vós, [homens] de pequena fé?" (Mateus 6:28-30).

Durante uns bons anos (principalmente depois que atingi a maioridade, no fim da década de 1960, quando a filosofia *hippie* estava na ordem do dia), esforcei-me para entender esse preceito. Estaria Jesus de fato recomendando que deixemos de ser responsáveis pelo nosso bem-estar, abandonemos nosso emprego, e nos sentemos esperando que Deus milagrosamente tome conta de nós? Jesus disse a mesma coisa com referência a animais: "Considerai os corvos, que nem semeiam, nem segam, nem têm despensa nem celeiro, e Deus os alimenta; quanto mais valeis vós do que as aves?" (Lucas 12:24).

No meu entendimento atual, Jesus está aludindo a uma relação especial de confiança com a criação de Deus na qual desistimos de presumir que temos de manipular o mundo à nossa volta para conseguir aquilo de que necessitamos para sobreviver. Em vez disso, sem preocupações, podemos participar plenamente do momento presente que surge, como o fazem plantas e animais, e cooperar num plano mais amplo que nos sustentará.

No versículo imediato, Jesus acaba de expressar essa nova visão perguntando: "Qual de vós, por ansioso que esteja, pode acrescentar um côvado ao curso da sua vida? Se, portanto, nada podeis

fazer quanto às coisas mínimas, por que andais ansiosos pelas outras?".

Aqui temos o cerne da questão: Jesus falando diretamente sobre ansiedade, sobre preocupações com o futuro e salientando que a preocupação não nos faz nenhum bem. Jesus continua e conclui com a sua afirmação geral "Não tenhais medo", reformulada assim: "Não busqueis o que comer ou beber; e não vos inquieteis! Pois são os gentios deste mundo que estão à procura de tudo isso; vosso Pai sabe que tendes necessidade disso. Pelo contrário, buscai o seu Reino, e essas coisas vos serão acrescentadas".

Mais uma vez há uma lógica psicológica explícita nos ensinamentos de Jesus que é quase sempre esquecida. Ele não apenas nos manda que não nos concentremos em nossos medos e preocupações mas também nos diz especificamente onde devemos nos concentrar.

"Buscai, antes de tudo, o seu reino, e estas coisas vos serão acrescentadas". Considero esse preceito uma das principais preciosidades dos ensinamentos de Jesus. Ele está nos dizendo precisamente como administrar nossa mente. Ele nos assegura que Deus sabe do que necessitamos, que não temos de nos fixar cronicamente em nossas preocupações. Em vez disso, devemos deslocar nossa concentração para o poder e a glória do eterno momento presente.

"Não tenhais medo", diz Jesus novamente, "pequenino rebanho, pois foi do agrado do vosso Pai dar-vos o Reino!" Uma declaração muito incomum — Jesus falando do que dá prazer a Deus. Aqui temos o segredo de confiar na vida e de viver como os lírios, sem conflito, sem preocupação nem stress. Deus, de fato, agrada-se em dar-nos o que precisamos, quando estamos participando ativamente no momento presente eterno. E a prova está na experiência. Viva cada vez mais plenamente no momento presente com suas preocupações e manipulações aquietadas e observe como se desenvolverá!

A ação do Espírito na vida cotidiana

Uma observação minuciosa revelará que nem lírios, nem corvos ficam sentados sem fazer nada o dia inteiro. Não era isso, com certeza, o que Jesus estava recomendando. O que lírios e corvos fazem é participar plenamente do desabrochar de cada momento novo. Os corvos percebem nitidamente o que acontece à sua volta — são mestres do momento presente. Reagem instantaneamente a oportunidades de encontrar alimento para se manterem vivos. Os lírios, assim como os seres humanos, têm a sua natureza intrínseca e, naturalmente, participam do meio ambiente — o ar, a água, o solo e a luz solar — para viver.

> **Quanto mais observo pessoas bem-sucedidas financeiramente que também têm formação espiritual e vivem com alegria, tanto mais percebo a mesma coisa: essas pessoas, que trazem um sorriso no rosto e alegria no coração, prosperam porque vivem continuamente no aqui e agora.**

O tempo todo essas pessoas mantêm a cabeça para cima. Não se perdem em preocupações e não se deixam levar por pensamentos fundamentados no medo. Em vez disso, observam com todos os sentidos o que está ocorrendo à sua volta; e com total envolvimento cognitivo e intuitivo no momento presente, aproveitam as oportunidades e agem espontaneamente com confiança e sabedoria.

Aonde vão buscar essa qualidade interior de confiança, sabedoria e ação correta? Para responder a isso, voltamos aonde começamos — e, uma vez mais, Jesus colocou a questão da melhor maneira: "Não a minha vontade, mas a tua seja feita". Essas pessoas têm a mente criativa aberta para manter acesso à sua inteligência mais elevada e integrada; o coração aberto ao influxo do amor divino e à comunhão com pessoas à sua volta; e a alma delas ouve e responde à orientação do Espírito Santo, seja qual for o nome que lhe dermos.

Elas são bem-sucedidas porque estão ligadas a uma inteligência e sabedoria maiores do que a inteligência e sabedoria do ego. Participam cordialmente da criação de Deus, em vez de atravessar a vida lutando e se preocupando. Descobriram o caminho fácil para o sucesso. Nós todos também podemos encontrar.

> **Jesus rematou a mensagem que acabei de citar dizendo: "Fazei bolsas que não fiquem velhas, um tesouro inesgotável nos céus, onde o ladrão não chega nem a traça rói. Pois onde está o vosso tesouro, aí estará também o vosso coração".**

Mais uma vez, voltamos ao coração, que para Jesus era evidentemente o principal. Essas palavras nos dizem, sem dúvida, que, para Jesus, manter a atenção da mente no coração é fundamental. Se o nosso coração se enredar num trabalho ansioso de sobrevivência, enquanto acumulamos tesouros materiais e de pensamentos, ele se poluirá com emoções e esforços negativos.

Repetidamente, em diferentes palavras, ouvimos a sugestão fundamental para abrir o coração ao amor e ser receptivos à orientação espiritual, pois desse modo tudo quanto necessitamos virá ao nosso encontro — simples assim. Jesus diz para confiarmos na vida, na criação de Deus, que nos susterá. Enquanto mantivermos a atenção de nossa mente aqui onde a sabedoria e o amor podem afluir ao nosso coração, não há com que nos preocupar. A criação de Deus prosperará.

Jesus conclui com esta reafirmação final sobre renunciar ao medo: "Por isso vos digo: não vos preocupeis com a vossa vida quanto ao que haveis de comer ou beber, nem com o vosso corpo quanto ao que haveis de vestir. Não é a vida mais do que o alimento e o corpo mais do que a roupa?" (Mateus 6:25).

Fé em Deus — de verdade

Embora muitos tentem ser manipuladores e confiáveis ao mesmo tempo, no fim todos terão de fazer uma escolha. A Bíblia nos diz que não podemos "servir a Deus e ao dinheiro". Não se pode ter um pé apoiado numa atitude receosa e manipuladora, fundamentada no ego, em relação à vida, e o outro pé numa fé baseada no amor e na confiança em Deus. Em termos psicológicos, não podemos concentrar a mente em preocupações e tramas passado-futuro e ao mesmo tempo nos concentrarmos em participar do desdobramento do céu na Terra no momento presente. Temos de escolher.

Eu achava que *ter fé em Deus* e *crer em Deus* fossem uma coisa só. Percebo agora que são exatamente opostas. Crer em Deus significa viver num plano mental e conceitual no qual o indivíduo mantém uma atitude esperançosa e uma hipótese positiva de que Deus existe e o sustentará. É um modo de viver que assusta, porque, pela natureza da crença, não se sabe se ela é verdadeira. Essa crença gera muito medo e dúvida — pois pode não ser verdadeira.

> **Por outro lado, *ter* fé em Deus é uma experiência espiritual real fundamentada num vínculo interior imediato, totalmente além de crenças, esperanças e conceitos. Ter fé em Deus é um sentimento seguro graças ao contato genuíno com o coração, inteiramente além da esfera de ação de pensamentos e convicções.**

Quando Jesus perdia a paciência com seus discípulos (coisa que parecia frequente), dizia: "Homens fracos na fé!". Sua frustração deve ter-se originado do contraste entre uma situação em que ele dava expressividade à experiência imediata do sustentáculo espiritual e a percepção posterior de que aqueles a quem ensinava não estavam ouvindo realmente o que ele dizia.

Seu poder espiritual de guiar as pessoas rumo ao reino do céu na Terra só era eficiente para os que estavam suficientemente despertos para ouvir o que ele dizia e permitir que seu amor e sabedoria os conduzisse ao eterno momento presente.

No seu caso específico, leitor, que é que pensa disso tudo e como se sente a esse respeito? Você dirige a sua vida com base em crenças que espera sejam verdadeiras, ou vive na fé e confiança fundamentadas numa experiência interior de contato imediato com a essência espiritual de seu ser?

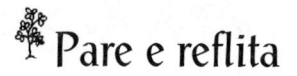

Momento de reflexão

Permita-me oferecer-lhe um fluxo suave de palavras. Enquanto lê essas palavras, todas baseadas inteiramente nas palavras de Jesus, observe a reação de sua mente e de seu coração.

Em primeiro lugar, concentre-se em sua respiração... o ar fluindo para dentro e para fora de suas narinas; os movimentos de seu peito e do abdome à medida que respira; e os sentimentos de seu coração nesse instante... deixe que seus pensamentos se aquietem enquanto você amplia sua percepção para incluir o corpo inteiro, aqui no momento presente. Renuncie a suas preocupações e dê toda a atenção de sua mente ao coração e à presença da orientação de Deus nele; sinta-se livre para interromper todas as suas labutas e, em vez disso, confiar na sabedoria e na ordem mais elevadas do mundo. Abra-se e renda-se à sutil orientação do Espírito em sua vida e concentre-se diretamente na vontade e no amor de seu Criador.

Pare e reflita

10
"Aquietai-vos e sabei que eu sou Deus"

Numa declaração direta de Deus, no Salmo 46, muito antes de Jesus ter nascido, ele dá o que para mim sempre foi o principal mandamento da meditação, além da afirmação psicológica orientadora de como administrar a mente para que ela estabeleça contato direto com o divino. O mandamento é enunciado em duas etapas, e o leitor observará que eu, portanto, elaborei meu programa de meditação em duas etapas.

A primeira etapa, que visa estabelecer comunhão direta com Deus, é mais uma daquelas afirmações supremas em duas palavras: "Aquietai-vos". Em todas as tradições de meditação mais poderosas do mundo, é necessário em primeiro lugar aquietar a incessante tagarelice da mente para depois nos dirigirmos a um estado mental espiritual em que estejamos receptivos ao contato profundo com o Espírito.

> Enquanto o ego estiver tagarelando dentro de nossa mente, com todos os seus comentários, julgamentos, preocupações, tramas e planos intrusos, é-nos impossível ouvir a voz de Deus. Jesus não força sua presença em nossa consciência. O Espírito aguarda pacientemente que aquietemos a mente e nos concentremos em nossa percepção mais profunda, antes de se manifestar ativamente em nossa vida.

O Salmo 37 lança mais luz sobre esse processo de mudança mental. Temos nesse texto a exortação: "Descansa no Senhor e nele espera" (Salmos 37:7). De novo, esse mandamento expressa exatamente o processo da meditação bem-sucedida. Não temos apenas de aquietar a mente mas também de permanecer calmos na consciência de mente tranquila — e aguardar o que acontecerá.

Na parte final deste livro, vou ensinar o modo mais eficiente que já encontramos de fazer exatamente aquilo que, ao que parece, Deus exige de nós no aspecto psicológico para nossa consciência humana harmonizar-se com a consciência divina. Já dei uma amostra desse processo no fim do capítulo anterior, quando tratei da capacidade da mente para deslocar sua concentração da tagarelice cognitiva para o envolvimento total com a experiência do momento presente.

Visto que é difícil "pensar" e "vivenciar" ao mesmo tempo, se o leitor quiser aquietar a mente, o modo mais eficiente de conseguir isso é voltar a atenção para duas ou mais ocorrências sensórias no aqui e agora.

Aquietai-vos — permanecendo aqui e agora

Conforme já relatei detalhadamente em meu livro *Quiet Your Mind*, no início de minha carreira participei de uma pesquisa cognitiva no National Institutes of Health, onde verificamos que um indivíduo pode concentrar-se num estímulo sensório e ao mesmo tempo continuar pensando. Mas tão logo se concentre em duas ocorrências sensórias distintas simultaneamente, seu fluxo de pensamentos cessa.

Essa pesquisa mostra exatamente como uma pessoa pode comportar-se na mente para "aquietar-se" sempre que desejar. Basta criar um enérgico hábito mental de dirigir a atenção para uma ocorrência sensória e aí ampliar sua percepção até incluir uma segunda ocorrência sensória ao mesmo tempo. E, veja só: sua mente aquietou-se! Não importa quais sejam os estímulos em que você se concentra — pode ser o canto de um pássaro, a visão de um pôr do sol, a harmonia de um conjunto executando uma música *country*, o toque dos dedos ou a suavidade da respiração de sua namorada, ou namorado. Não importa o que você escolha, o truque consiste em ampliar a percepção para se conscientizar de duas ou mais sensações ao mesmo tempo.

Sem dúvida que é necessário um pouco de treino para ficar eficiente na ampliação da consciência. Permita-me refazer o caminho deste processo de aquietação da mente para que fique bem claro. É o segundo passo para entrar na meditação do "caminho do coração", que Jesus incentivou — o primeiro passo foi *lembrar-se de que você quer* passar por esse processo.

Mesmo enquanto lê estas palavras, perceba também o ar fluindo para dentro e para fora de suas narinas — a sensação real que sente! Observe que sintonizar-se nessa sensação constante produz uma consciência física especial no seu nariz e na cabeça. Agora deixe a percepção ampliar-se para incluir os movimentos do peito e do abdome à medida que você respira. Sinta o peito se expandir quando você inspira, e o estômago relaxar e tornar-se um pouco saliente. Enquanto expira, sinta os músculos se contraírem em seu abdome e o peito encolher-se.

> **Quando permanece consciente dessas duas sensações diversas — o ar fluindo para dentro e para fora do nariz, e os movimentos do tórax e do abdome à medida que respira —, você verifica que seus pensamentos cessam de todo enquanto mantiver essa percepção sensorial.**

Se permanecer plenamente consciente de sua respiração durante várias inalações e exalações e aquietar automaticamente os pensamentos no decorrer desse processo, você estará "esperando pacientemente" e assim as coisas começarão a acontecer. Quase sempre, você notará que sua percepção se amplia naturalmente e também inclui os sentimentos de seu coração e... pronto, com o foco de atenção exatamente onde Jesus indica — na experiência de seu coração. À medida que respira, sua percepção naturalmente se estende por mais uma grande passada, até onde você estiver consciente de todo o seu corpo de uma só vez, aqui neste momento presente.

Essa extensão natural da consciência, que consta de quatro etapas, é a essência da meditação, não importa a cultura em que é praticada, porque foi assim que Deus nos criou. É o modo que a mente funciona quando fazemos o que a Bíblia indica. "Aquietai-vos...".

Ouvir...

Enquanto você está pensando o tempo todo, perdido em ideias, está funcionando no modo de "transmissão", isto é, em vez de ouvir e receber, está falando e emitindo. Não há nada errado com o ato de pensar. Todos nós gostamos de pensar, e nossos pensamentos podem levar-nos a lugares maravilhosos. O problema que parece afligir as pessoas há dois ou três mil anos é que a função "falar" parece ter assumido quase completamente o domínio de nossa mente, de maneira que muito raramente estamos calados mentalmente e abertos para receber orientação interior.

> Uma das coisas estranhas da prática cristã em geral é que somos ensinados a orar a Deus — entenda-se falar com Deus —, mas raramente somos ensinados a ficar calados e ouvir a voz de Deus dentro de nós.

A maioria das pessoas, quando ora, fala sem parar. "Querido Deus, por favor, me ajude, preciso... blá-blá-blá...". Quando a oração termina, nem ao menos por dez segundos o suplicante se colocou em atitude receptiva, com os pensamentos aquietados, a mente sossegada e o Espírito, portanto, apto a falar ao coração e à alma dessa pessoa.

Qual é sua experiência nesse aspecto? Você ora? Se sua resposta for positiva, durante quanto tempo sua mente fica aquietada e sua alma receptiva à voz de Deus? Faça um intervalo aqui, se desejar. Ponha o livro de lado e reflita sobre seus hábitos mentais. Sua mente se aquieta de vez em quando? As palavras "aquietai-vos" significam algo para você? Está interessado em aprender a aquietar a mente?

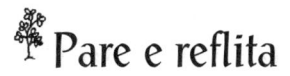

Momento de reflexão

Concentre-se no ar fluindo para dentro e para fora do nariz; nos movimentos de seu tórax e do abdome enquanto respira; nos sentimentos de seu coração neste momento... de todo o seu corpo, aqui... e agora; abra-se para vivenciar a quietude de sua mente e fique receptivo a uma nova experiência...

Pare e reflita

O lampejo intuitivo — o Espírito em ação!

Quando aquieta a mente e vive com paciência o momento presente desdobrar-se em sua vida, você verifica que lhe ocorrem amiúde súbitos lampejos de reflexões intuitivas . Às vezes isso acontece de maneira muito sutil, mas outras vezes num súbito *flash* que acompanha a chegada da ideia ou da solução. Em outras ocasiões ainda, poderá sentir uma sutil voz intuitiva interior falando com você, propiciando-lhe entendimento e orientação de sua vida.

> Seguramente, é para esse estado mental tranquilo que aflui a orientação mais profunda. Não importa se se chamam essas ocorrências de lampejos intuitivos de Espírito agindo em sua vida, ou seja lá de quê. O importante é fazer pausas regulares para aquietar a mente e abrir-se para esse plano mais profundo de sabedoria, conhecimento e percepção.

A maioria de nós tem hábitos de pensamento profundamente arraigados, que dominam nossa percepção. A princípio, não é tão fácil aquietar o fluxo de pensamentos incessantes que nos varre a mente em quase todos os momentos de vigília. Estou ensinando aqui o método mais eficiente para aquietar esse fluxo de pensamentos sempre que desejar.

O tempo todo, o importante a ser lembrado é que você tem o poder de assumir o controle da sua mente, aquietar seus pensamentos e, em essência, obedecer ao mandamento que Deus nos deu — a instrução específica sobre como acessar a orientação e o amor divinos em nossa vida. "Aquietai-vos..."

"Sabei que eu sou Deus"

Nos meus tempos de seminário, eu sempre levava esta citação bíblica fundamental, "Aquietai-vos e sabei que eu sou Deus", à atenção de meus professores — na maioria admiráveis e brilhantes buscadores da verdade. Perguntava-lhes qual o significado da palavra "saber" em hebraico (conforme empregada na Bíblia). É de presumir que devemos aquietar-nos e pensar em Deus? Reconhecer (ou saber) é um processo de pensamento como o que em geral nos ensinam?

> Deus manda que nos "aquietemos" e ao mesmo tempo penetremos numa reflexão teológica profunda sobre o que significa ser Deus? Ou se deve supor que de fato devemos permanecer tranquilos e conhecer diretamente, para além de todas as palavras e crenças, a realidade experiencial direta de Deus? Como é que podemos "saber que Eu sou Deus?"

O professor Muellenberg, cuja especialidade no seminário era o Antigo Testamento, estava próximo do fim de seus dias quando fui seu aluno. Na realidade, ele morreu quando eu ainda estava no seminário. Esse homem tocou-me profundamente o coração e também me deu a melhor resposta à pergunta sobre "saber". Explicou que a palavra hebraica empregada na afirmação "aquietai-vos e *sabei* que eu sou Deus" era a mesma empregada em Gênesis nas frases "o homem *conheceu* Eva, sua mulher; ela concebeu e deu à luz Caim. Caim *conheceu* sua mulher, que concebeu e deu à luz Enoque. E Adão *conheceu* sua mulher novamente, e ela deu à luz um filho", e assim por diante.

> Em outras palavras, Deus está nos convidando para "conhecê-lo" no mesmo plano de intimidade que vivenciamos em nosso relacionamento mais profundo — do fundo do coração. Estamos sendo convidados a vivenciar Deus tão diretamente quanto possível, de uma maneira que, em algum nível espiritual, poderia incluir a criação de um novo ser, a união do humano e do divino, e todas as consequências possíveis de advirem dessa união.

Sinceramente, a explicação do professor deixou-me bastante abalado. De início pensei que ele estivesse brincando comigo, mas quando vi os olhos dele percebi que estava falando com toda seriedade. Ao mesmo tempo, seus olhos mostravam um brilho que indicava que tudo isso estava além até mesmo do seu brilhante intelecto, em contato com verdades que a mente racional simplesmente não consegue sondar.

Quando comecei a me dar conta de que Deus havia nos ordenado que aquietássemos a mente e entrássemos em comunhão com o Espírito no plano mais íntimo, do fundo do coração, minha vida no seminário mudou completamente. Foi quando comecei a insistir que acrescentássemos um aspecto meditativo ao nosso curso de ministros da Igreja Presbiteriana; isso me provocou incertezas e uma progressiva agitação, além de meu afastamento da igreja tradicional.

> Tão logo compreendi que o cristianismo era infinitamente mais do que pensamentos sobre Deus, de que, ao contrário, era uma oportunidade de conhecer Deus diretamente, dei-me conta de que essa era a experiência que eu queria. Sim, no fim tive de deixar a igreja para obter essa experiência, mas nunca me arrependi da escolha em prol do "conhecimento" direto, em vez de ficar amarrado a crenças retóricas.

"Eu sou Deus..."

Ainda há mais um aspecto com relação a "aquietai-vos e sabei que eu sou Deus". Se eu me esquivasse dessa questão decisiva, não estaria sendo totalmente honesto com o leitor. Portanto, aqui vai — ainda que teólogos cristãos tradicionais tenham queimado muitas pobres almas por terem declarado a mesma coisa. Você vai descobrir isso por si mesmo, se é que já não descobriu, quando começar a aquietar a sua mente e a abrir-se para entrar em comunhão direta com Deus. Por isso, permita-me dizer com todas as letras aqui.

Na prática da meditação, quase sempre, quando pessoas de qualquer crença trilham o caminho do coração, aquietam a mente e se abrem para uma experiência singular de unicidade com Deus. Verificam que a certa altura ocorre algo que muda para sempre a percepção de quem são e do significado da vida.

> Essas pessoas vivenciam a sensação de identidade física pessoal fundir-se temporariamente com a identidade eterna infinita... até que, de repente, não há absolutamente nenhuma sensação de separação entre elas e... Deus.

Como teologia, o cristianismo fundamenta-se na convicção de que os seres humanos são anjos decaídos — que nós nascemos separados de Deus. Nos ensinamentos hinduísta, budista e taoista, ao contrário, não há dúvida de que na essência de nosso ser possuímos a centelha divina. Quando meditamos, passamos a sentir isso diretamente, a "saber que eu sou Deus". Na meditação profunda, não há em nosso coração nenhuma sensação de separação espiritual entre Deus e nós. Nós somos Deus em forma humana individualizada — e, à medida que despertamos e compreendemos nossa natureza divina, essa verdade se torna experimentalmente óbvia.

Ao fim e ao cabo, a dualidade entre Deus e sua criação é um conceito teológico que não se sustenta na realidade da meditação. Do mesmo modo, nesse mandamento judaico-cristão, "sabei que eu sou Deus", somos desafiados, em meu entendimento e minha experiência, a nos aquietar para saber quem somos realmente: uma fagulha da consciência divina, individualizada e em comunhão direta com o Criador.

Sabemos agora que houve muitas seitas cristãs primitivas menos bem-sucedidas politicamente, como a dos gnósticos, que ensinavam, acreditavam e conheciam a divindade da consciência humana.

> Mas a dominação da Igreja Católica cresceu vigorosa e ela combateu e destruiu impiedosamente esses grupos mais místicos, a tal ponto que, alguns séculos depois da morte de Jesus, quase toda referência à união mística na meditação cristã tinha sido extirpada dos quatro Evangelhos remanescentes e de todas as práticas eclesiásticas formais.

Como diria Shakespeare: "Que queda...". Este livro pretende levantar novamente a questão do que descobrimos naturalmente quando aquietamos a mente e buscamos a verdade. Estou aqui para provocá-lo educadamente, se quiser aceitar o desafio, a examinar o que ocorre em sua mente, em seu coração, no âmago de sua experiência espiritual, quando você aprende a aquietar as ideias turbulentas, a serenar a mente — de maneira que possa descobrir por si mesmo a verdade da questão.

Suscitar a experiência

Qual a maneira mais eficiente de prosseguir neste sentido quando se deseja voltar a atenção da mente a uma direção específica a fim de descobrir que verdades nos aguardam lá?

> A técnica psicológica mais eficaz, conforme ensino em muitos de meus livros e cursos *on line*, é dizer a si mesmo frases de concentração especialmente elaboradas para dirigir o poder de atenção da mente para onde as palavras indicam.

A parte final de meditação deste livro fundamenta-se no fato psicológico de que, quando você pronuncia para si mesmo determinadas afirmações, desloca sua consciência na direção pretendida e assim desperta seu potencial para uma nova experiência. Para terminar este capítulo numa nota pragmática, gostaria de sugerir que examine o que acontece quando você não apenas lê: "Aquietai-vos e sabei que eu sou Deus", mas também diz isso para você mesmo várias vezes, como uma frase de concentração do mais alto teor.

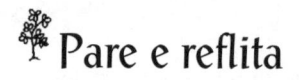

Momento de reflexão

Permita-me guiá-lo neste processo. Quando o souber de cor, você poderá avançar através dele por seus próprios meios.

Prossiga e fique descontraído — permita-se desfrutar os próximos minutos... comece a conscientizar-se de sua respiração: o ar fluindo para dentro e para fora do seu nariz; os movimentos de seu tórax e do abdome quando respira e os sentimentos do seu coração. Deixe que seus pensamentos se aquietem enquanto você expande a percepção até incluir seu corpo inteiro, aqui neste momento presente. Você pode renunciar a suas preocupações; dirija toda a atenção de sua mente ao influxo do amor em seu coração.

Quando estiver preparado, pode dizer a si mesmo as palavras a seguir, permitindo uma ou duas respirações para cada parte da afirmação. Expire enquanto diz as palavras a si mesmo e, enquanto inspira, vivencie tudo quanto as palavras estimularem em sua percepção:

"Aquietai-vos... (respire...) e sabei... (respire...) que eu sou Deus..." (respire...)

Pare e reflita

11

"Amarás o teu próximo como a ti mesmo"

O amor é o ensinamento fundamental de Jesus. Mais uma vez, Jesus, o psicólogo, dá-nos um mandamento alicerçado na realidade e ao alcance de nossa capacidade. Ciente de que não podemos amar outra pessoa *mais do que* amamos a nós mesmos, Ele nos desafia a amar os que estão à nossa volta *tanto quanto* amamos a nós mesmos. Além do mais, põe o foco da questão no amor a nós mesmos, de modo que possamos, por nossa vez, amar aos outros.

O cristianismo tradicional e sobretudo certas seitas do "movimento renascer" costumam julgar negativamente qualquer tentativa que façamos para melhorar o relacionamento com nós mesmos, individualmente. Por isso, todo o movimento Nova Era foi reprimido por ser egocêntrico.

> A verdade, porém, é que, enquanto nosso coração estiver fechado para nós mesmos, não o conseguiremos abrir para outra pessoa. Assim, o mandamento "Amarás o teu próximo como a ti mesmo" indica claramente que devemos em primeiro lugar concentrar a atenção em aprender a aceitar e amar a nós mesmos incondicionalmente para podermos então amar igualmente aqueles que nos cercam.

De acordo com a igreja protestante de minha infância, tínhamos de ser sempre amorosos, gentis e bondosos para com todos ao nosso redor. Mas lembro-me de que essa tentativa cristã de ser particularmente amoroso em geral produzia uma impressão forçada e mesmo falsa, pois, por mais que os cristãos sinceros se esforçassem em ser amorosos com os outros, enquanto não sentissem amor por si mesmos, o relacionamento com os outros era irrealizável.

Jesus, por outro lado, chama atenção para o fato de que precisamos primeiramente aceitar a nós mesmos como somos se nosso objetivo é amar o próximo com dedicação. Com toda certeza, ele nunca propôs que devêssemos tentar o impossível e amar nosso próximo mais do que amamos a nós mesmos. Não é assim que o amor funciona.

> Sobretudo se fomos condicionados a acreditar que somos pecadores incorrigíveis, é quase impossível amar-nos a nós mesmos assim como somos. É por isso que temos de escolher entre o caminho da teologia e o caminho do coração quando lemos a Bíblia — porque estamos sempre topando com essas visões de polaridade oposta sobre quem somos e sobre o significado da vida.

Se acreditarmos que somos, no âmago do nosso ser, pecadores incorrigíveis, seremos incapazes de amar a nós mesmos e assim não conseguiremos amar-nos uns aos outros. Nessa perspectiva, não é difícil escolher o que devemos descartar e o que devemos manter. Em seguida, temos de pôr mãos à obra e aprender a abandonar os vários conceitos negativos que sustentamos e que nos impedem de nos amarmos assim como somos.

E você?

Minha experiência com muitos alunos me revela que deixar de julgar e amar a si mesmo, tal como se é, é muito mais fácil de dizer do que fazer. Desde tenra idade, a maioria de nós foi fortemente influenciada por pais, professores, irmãos e todas as demais pessoas que por certo não nos aceitavam como éramos. Por que não? Porque essas pessoas naturalmente não se aceitavam como eram. Esse julgamento negativo autoimposto continua sendo transmitido de geração a geração, reforçado por crenças religiosas que nos ensinam a considerar um ser pecaminoso até mesmo uma criancinha que está aprendendo os primeiros passos.

O que é que você não aceita em si mesmo, ou que julga ruim, impróprio ou feio por alguma razão, ou positivamente pecaminoso? Ainda que Jesus tenha dito "não julgueis", todas as sociedades possuem uma longa lista de condutas más e pecaminosas. Já nascemos sujeitos a um código de ética, um conjunto de valores pelo qual devemos pautar nossa vida. E por que temos esse conjunto de valores, essa lista de regras em que tentamos acomodar nossa vida? Porque desde que nascemos, crescemos na companhia de pessoas que não confiavam nem amavam sua própria natureza e, consequentemente, não confiavam na nossa também.

Estamos diante de um dos mais terríveis aspectos da cultura humana, que, espera-se, estamos aprendendo a transcender. Uma criança forma seu senso de bondade e pecaminosidade numa idade muito tenra, com base não em sua própria experiência, mas na maneira que é julgada por outras pessoas. Esse julgamento negativo primordial que todos nós sofremos está no cerne da opinião que temos de nós mesmos e de todos à nossa volta.

O cristianismo tradicional não considera boa a natureza humana — de fato, toda a cantilena "Cristo nosso Salvador" deixa de funcionar se já nos consideramos pessoas boas. Só quando podemos ser condicionados a nos enxergar como irremediavelmente maus é que nos tornamos suscetíveis a pressões sacerdotais para aceitar Jesus como nosso salvador, em vez de nosso mentor e guia espiritual.

Portanto, quando sugiro, assim como Jesus, que você se aceite tal como é para também poder amar seu próximo sem restrições, você, naturalmente, está sujeito a topar com atitudes profundamente arraigadas que lhe dizem não, assim como você é, você não pode ser aprovado. Que fazer com relação a esse condicionamento da infância?

Só há uma coisa que você pode fazer com esse condicionamento — livrar-se dele! Conheci pessoas que passaram ano após ano fazendo terapia, tentando superar passo a passo todas as atitudes arraigadas para se livrarem delas, mas sem resultado satisfatório.

Em última análise, você não consegue lutar para se livrar de sua natureza pecaminosa; tudo o que pode fazer é deixar de se enxergar assim. É uma escolha. A certa altura, talvez neste instante, você simplesmente decide que vai se aceitar e vai abrir o coração para si mesmo tal como é. E é isso que faz!

É mais fácil dizer do que fazer? Não — *fácil* fazer, com o instrumento mental adequado. E aqui está o instrumento de que vai precisar para dar esse salto de fé; um instrumento que, se o usar habitualmente, vai lhe ser de excelente utilidade. Para ir ao encontro de se amar tal qual você é, você só precisa declarar sua intenção dizendo-se: "Eu me amo exatamente como sou".

Essas palavras específicas têm o poder de ecoar cada vez mais profundamente em sua psique toda vez que você as pronuncia. Sim, trata-se de um ato explícito de recondicionamento premeditado — e é absolutamente necessário para eliminar o condicionamento negativo que você recebeu na infância.

A pergunta é: Depois de dizer a si mesmo essas palavras e se manter consciente de sua respiração, o inspirar e o expirar, e dos sentimentos de seu coração, acontece algo? Você sente um ligeiro abrandamento no coração? Experimente (de início podem ser apenas algumas respirações) e verifique por si mesmo qual é a sensação de amar-se tal qual você é.

Mesmo no início de seu treinamento com a nova meditação que está aprendendo neste livro, as palavras que sugiro dizer a si mesmo normalmente vão gerar uma reação levemente positiva. Observe: Você gosta dessa reação, a ponto de querer vivê-la mais e mais? Se gosta, você já está a caminho do êxito em seu coração.

Momento de reflexão

Pare um pouco agora e experimente fazer com toda seriedade o seguinte. Depois de ler este parágrafo, deixe o livro de lado... concentre-se na respiração... nos sentimentos de seu coração... diga a si mesmo algumas vezes: "Eu me amo assim como sou". E permaneça aberto a uma nova experiência!

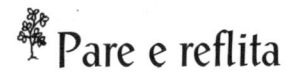

Pare e reflita

Todo auxílio que pudermos obter

Em outros tempos, quando trabalhava com terapia tradicional, eu oferecia aos pacientes esse instrumental psicológico para que o empregassem regularmente em conjunto com um CD de áudio para ouvir em casa e orientar-se por meio desse processo de cura emocional. Se o paciente não se interessasse muito por coisas espirituais, eu me sentia um tanto limitado na orientação a oferecer, pois não queria impor-lhe minhas inclinações espirituais. Porém, no contexto deste livro manifestamente espiritual, posso dizer sem muito esforço que há outro grande auxílio para você utilizar neste processo de aprender a amar-se mais.

> **Em suas meditações sobre como aprender a amar e a aceitar-se assim como é, você pode solicitar auxílio abertamente de Deus, do Espírito, de Jesus, de Madalena.**

Quando se trata de transcender atitudes e emoções arraigadas, necessitamos de todo auxílio que pudermos conseguir. E esse auxílio está sempre à nossa disposição — basta o solicitarmos francamente. Não nos esqueçamos de que, conforme já foi dito anteriormente, uma das qualidades principais do Espírito é que ele nunca força sua entrada em nossa vida quando não é convidado. Existe um manancial infinito de amor restaurador no universo disponível a cada um de nós a cada novo momento de nossa vida. Porém, temos de pedir que esse amor nos aflua ao coração e à vida — senão isso não acontecerá.

Como pedir que o amor de Deus entre em seu coração? A esta altura, você já me conhece o suficiente para adivinhar a resposta: Simplesmente vá em frente e diga: "Abro meu coração ao influxo do amor de Deus". Ou pode dizer a si mesmo: "Meu coração está aberto para o amor restaurador de Deus".

Enquanto respira em consonância com o impacto dessas palavras, elas ecoarão em todo o seu ser, cada vez mais, toda vez que você as pronunciar. Depois de algumas semanas praticando essa meditação restaurativa do coração, toda vez que disser as palavras imediatamente atingirá níveis profundos nessa experiência. Você sentirá o amor afluindo a seu coração, preenchendo seu ser e, nesse processo, dando-lhe todo o poder de que necessita para amar-se incondicionalmente. É simples assim — você pede e recebe. Mas se você não agir e não disser as palavras, a probabilidade de acontecer isso é quase nula.

A natureza do amor

A Bíblia expressa com toda clareza, em três palavras, a mensagem fundamental de que "Deus é amor". Trata-se de uma equação profunda que gosto de sempre colocar em primeiro plano porque mostra exatamente quanto são definitivos a palavra, o sentimento e a experiência do amor, vistos da perspectiva espiritual.

O amor, na verdade, é a força criadora do universo — com tudo o que isso sugere. É o amor que faz o mundo girar. O amor é tudo o que deve constituir o cristianismo. O amor é a essência dos ensinamentos de Jesus. É o amor que cura todas as feridas. O amor é a principal dádiva que temos para dar uns aos outros. O amor é o tecido conjuntivo do corpo espiritual. O amor é tudo o que existe.

Quando não nos amamos a nós mesmos, negamo-nos a essência vital que mantém nosso corpo espiritual vivo e saudável. Necessitamos do amor diariamente; na realidade, de momento a momento, para nos sentirmos bem e eficientes, e unidos à inspiração divina.

Quando nos julgamos indignos de amor, quando fechamos o coração ao nosso próprio eu, definhamos. Pior ainda, negamos o Espírito; excluímos o Espírito de nossa vida. Quando fazemos isso, não apenas nós sofremos mas também o nosso próximo. Porque quando não nos amamos, não conseguimos amar os que estão à nossa volta. Ocorre um colapso geral. Não poderemos dar nem receber amor se antes não abrirmos regularmente o coração ao influxo do amor ao âmago de nosso ser.

Tudo o que precisamos fazer para que o amor viceje em nossa vida é abrir o coração e deixá-lo entrar. Tudo o que precisamos fazer para que o amor aflua é dizer a nós mesmos regularmente — com toda franqueza: "Eu me amo exatamente como sou e abro meu coração para deixar o amor de Deus entrar!".

Deixe de se julgar e censurar. Desfaça-se de todas as crenças, atitudes e frases negativas que bloqueiam seu coração. Concentre-se no amor infinito que Deus nos dá inteiramente de graça — para compartilharmos. Não há muito mais a dizer aqui, a não ser: Mãos à obra!

Momento de reflexão

Depois de ler este parágrafo, sinta-se à vontade para deixar o livro de lado. Concentre-se em sua respiração, em seu coração e diga a si mesmo: "Eu me permito sentir-me bem!", e deixe-se ficar descontraído, envolvido pelo fulgor deste momento presente...

Quando se sentir preparado, volte a atenção para o coração novamente; respire de acordo com os sentimentos que encontrar aí — ou a ausência deles... e diga a si mesmo: "Eu me aceito e me amo assim como sou". Fique consciente de seus sentimentos e de sua respiração enquanto essas palavras ecoarem em seu ser. Não espere nenhum terremoto, tão somente dê um pequeno passo na direção de amar-se a si mesmo incondicionalmente.

Se desejar, também poderá dizer: "Abro o coração para receber o amor de Deus" e deixe que essas palavras estimulem o fluir do amor... e, como sempre, fique receptivo a uma nova experiência.

Pare e reflita

12

"Amai-vos uns aos outros como eu vos amei"*

Espero que o leitor esteja começando a perceber que todas essas citações de Jesus, quando agrupadas, oferecem uma visão unificada da abordagem meditativa de Jesus com relação à cura emocional e ao despertar espiritual. Sem dúvida, a citação com a qual trabalhamos no capítulo anterior: "Amarás o teu próximo como a ti mesmo", só estará completa quando introduzirmos este último mandamento relativo ao "amor": "Amai-vos uns aos outros como eu vos amei".

Como Jesus amou? Lembro que no seminário passei um ano inteiro obcecado pela questão de como Jesus realmente amava as pessoas com quem se relacionava. Já prestou atenção nessa questão? Se nosso objetivo é amar-nos uns aos outros da maneira que Jesus amou seus amigos e discípulos — e, na verdade, seus inimigos —, é necessário criar algum tipo de entendimento da natureza, qualidade e expressão do amor de Jesus por aqueles que o rodeavam.

Este capítulo vai nos levar a alguns entendimentos explosivos ao responder a esta pergunta com fundamentos em indícios encontrados nos Evangelhos. Assim, leitor, segure-se firme, pois estamos embarcando nessa montanha-russa do amor.

---

* Evangelho de João 13:34 e 15:12.

Em primeiro lugar, o que Jesus disse sobre o amor? Permita-me mencionar algumas citações muito úteis, começando com a importantíssima declaração suscitada quando um escriba aproximou-se e perguntou-lhe: "Qual é o primeiro de todos os mandamentos?" (Marcos 12:28).

Jesus respondeu: "O primeiro de todos os mandamentos é: '..., o Senhor nosso Deus é o único Senhor. Amarás, pois, ao Senhor teu Deus de todo o teu coração, de toda a tua alma, de todo o teu entendimento e com toda tua força'. E o segundo, semelhante a este, é: 'Amarás o teu próximo como a ti mesmo'. Não existe outro mandamento maior do que estes" (Marcos 12:31).

Por falar em frases admiráveis! Em primeiro lugar ele explica que Deus é um todo infinito — não existem deuses distintos disto e daquilo — e, além disso, que nossa relação com esse Criador e Sustentador infinito é uma relação de amor da maior profundidade e amplitude, que nada deixa de fora. Todas as nossas qualidades individuais fundamentais de coração, alma, mente e força devem ser mantidas concentradas em nossa relação amorosa com Deus. É o primeiro mandamento: amar a Deus totalmente, para todo o sempre.

O segundo mandamento, que ele chama de maior que todas as outras leis e mandamentos que os hebreus (e mais tarde os cristãos) reverenciaram, com efeito volta nossa atenção diretamente para como amamos a nós mesmos e, por conseguinte, como amamos os que nos cercam: "Amarás o teu próximo como a ti mesmo".

E em outra parte, Jesus expande decisivamente a declaração inicial: "Dou-vos um mandamento novo", disse ele aos seus discípulos, "que vos ameis uns aos outros, como eu vos amei" (João 13:34).

Como Jesus amou?

Jesus deu um passo mais à frente ao expressar a natureza do seu amor. Disse aos discípulos: "Assim como o Pai me amou, também eu vos amei".

O amor dele trazia o poder, a glória, o infinito amor incondicional de Deus. E é assim que devemos amar uns aos outros? Puxa! Parece um desafio impossível: amar uns aos outros como Jesus nos amou, da mesma maneira que Deus o amou.

A propósito, como já disse, não vejo Deus necessariamente como uma imagem do pai, segundo sugerem as palavras do mandamento. A relação de Jesus com Deus foi expressa na forma masculina tradicional porque todo o construto mental da língua aramaica que ele falava percebia Deus como masculino. Não há necessidade de nos preocuparmos com o problema do "Deus Pai". Mas a sugestão eficaz de Jesus de que amemos uns aos outros como ele nos amou, que é também como Deus o ama, é para ser repisada profunda e frequentemente; uma conscientização a ser aceita e acolhida pressurosamente.

No contexto desse amor incondicional, Jesus sugere também às pessoas: "Amai os vossos inimigos, fazei o bem e emprestai sem esperar coisa alguma em troca. Sede misericordiosos como o vosso Pai é misericordioso" (Lucas 6:35-36). Mais uma vez, estamos sendo desafiados a agir no mundo com o mesmo amor e o mesmo vigor com que Deus age.

> **Jesus prossegue com sua extraordinária declaração: "Não julgueis, para não serdes julgados; não condeneis, para não serdes condenados; perdoai, e vos será perdoado. Dai, e vos será dado".**

Em outro Evangelho há palavras semelhantes: "Eu, porém, vos digo, a vós que me escutais: Fazei o bem aos que vos odeiam; bendizei os que vos amaldiçoam; orai por aqueles que vos difamam. A quem te ferir numa face, oferece a outra; a quem te arrebatar o manto, não recuses a túnica. Como quereis que os outros vos façam, fazei também a eles".

Esse é o tipo de amor a que Jesus se refere, o tipo de amor que devemos ter quaisquer que sejam as circunstâncias. Mesmo quando estava sendo crucificado, Jesus continuou amando, perdoando aqueles que o assassinavam. Ao permanecer no estado de amor incondicional, parece que se aproximou e transcendeu até mesmo sua própria morte num estado de aceitação, graça e bem-aventurança espirituais.

Tenha ele ou não depois ressuscitado dentre os mortos (esse ato sobre-humano é retratado em pouquíssimos capítulos dos Evangelhos e testemunhado por pouquíssimas pessoas), o que sobressai com muita clareza é seu exemplo — sua condição sobre-humana, mesmo em face da morte, de viver com amor e irradiar o amor de Deus em todas as direções para todos os que estavam à sua volta.

Eis o seu desafio a nós: amarmos com a mesma profundidade e o mesmo vigor com que ele e Deus amam. Ao que parece, nossa capacidade de amar tem essa dimensão.

O amor de Jesus pela mãe

Curiosamente, Jesus não nos diz que amemos uns aos outros da maneira que a maioria das pessoas costuma amar: tentando proteger as outras de passar por contrariedades.

> **É muito frequente pensarmos que, para ser amorosos, temos de nos esforçar para nunca ferir os sentimentos dos outros. Mas Jesus de maneira alguma amava protetoramente, como quase todos nós amamos. Na realidade, uma observação mais atenta revelará que Jesus não aparentava absolutamente assumir responsabilidade pelas emoções dos outros.**

Reflita nisto. Devemos amar e honrar nossos pais, certo? É um dos muitos valores herdados da lei hebraica que mantemos no nosso código de ética de "valores da família". Pelo que podemos concluir dos Evangelhos, entretanto, Jesus passou sua vida sem se preocupar nem um pouco com os sentimentos dos outros.

Principalmente com a mãe, ele fez coisas que lhe partiram o coração, mas não alterou suas escolhas na vida, ainda que essas escolhas tanto afligissem Maria. Imaginemos o drama da Paixão do ponto de vista de sua mãe. Quero dizer, Jesus não tinha necessidade de entrar em Jerusalém procurando indispor-se com as autoridades. Ele sabia que estavam à sua procura, contudo, foi para Jerusalém com plena consciência de que poderia ser morto. Como é que um moço judeu tão bem comportado pôde agir de modo tão insensível para com a mãe — procurar uma morte pública violenta na presença dela?

Foi o que ele fez. Isso nos mostra algo de suma importância sobre a maneira que Jesus trilhou o caminho do coração. Para cada passo que deu nesse caminho, ele tomou suas decisões, que não se basearam nas consequências de suas ações nem no impacto sobre os que o amavam.

> De acordo com seu próprio mandamento, ele tinha entregue totalmente o coração, a mente e a alma a Deus, e assim permitiu ao Espírito guiá-lo no desenrolar de cada novo momento. Quando Jesus agia no Espírito, agia no amor, mesmo quando suas atitudes faziam sua mãe passar pelo trauma mais pungente. Tal é a intensidade e a devoção do amor que ele está nos desafiando a vivenciar também.

É assim que temos de amar nosso próximo. Não tentando impedir que os sentimentos dele sejam feridos, como em geral fazemos num envolvimento romântico ou familiar. Em vez disso, em todo momento de uma relação, somos estimulados a abrir o coração à orientação amorosa da voz espiritual de nosso ser e agir no espírito do amor, não importa o que façamos.

Jesus amou a todos à sua volta sem julgamento, sem temor, sem restrições. Deixou que o amor de Deus fluísse através dele para o coração de outros. E ainda faz isso. Vamos fazer, nós também?

Faça uma pausa se quiser e atente para o seu coração agora mesmo. Essa explanação está mexendo com seus sentimentos e suas ideias? Que aconteceria em sua vida se você permitisse espontaneamente que sua voz espiritual guiasse suas ações, sem se importar como essas ações pudessem afetar os sentimentos e a vida daqueles que o cercam?

Jesus para todos

Historicamente, não se sabe nada em especial a respeito da vida sexual de Jesus. Acho que isso é um aspecto favorável, porque na meditação individual sobre o momento presente há a liberdade de se relacionar com Jesus como uma presença espiritual, independentemente da orientação sexual de quem medita.

> Se a pessoa é homossexual, isso significa que Jesus pode se apresentar a ela na disposição sexual natural do indivíduo. Por que não? O espírito apresenta-se a quem medita no modo mais semelhante à sua natureza. Por isso é muito importante incluir também Maria Madalena nessa situação toda, de maneira que, se e quando alguém quer se concentrar num elo de ligação espiritual feminino com Deus, pode fazer isso facilmente.

Como heterossexual praticante, já relatei ao leitor o que funciona melhor para mim — que Jesus e Maria Madalena formavam um casal, talvez marido e mulher, talvez não. Afinal, foi ela, e não nenhum de seus amigos, que massageou sensualmente os pés dele com óleo. Ela permanecia ao lado dele constantemente — ela é seu complemento feminino.

Isso funciona para mim, mas, por favor, fique à vontade para abrir-se e se aproximar do seu elo divino seja com quem for que funcione para você. Não há dúvida de que o Espírito está além da sexualidade física, mas pode encontrar-se conosco no âmago vivo de nosso ser, o qual, enquanto estivermos vivos em corpo humano, inclui nossa presença e preferência sexual.

Ressurreição — um relato feminino

Como religião teológica, o cristianismo concentra-se no "fato" histórico de que Jesus morreu, ficou três dias na sepultura e, depois, como Lázaro, ressuscitou misteriosamente dentre os mortos para uma nova vida —

no corpo físico. Segundo o relato bastante sucinto do Evangelho, 40 dias depois, esse corpo físico foi elevado aos céus.

Curiosamente, ainda que a validez desses eventos da ressurreição ocupe posição primordial em todo o sistema teológico da fé cristã, nenhum dos discípulos de Jesus testemunhou o encontro do Domingo de Páscoa.

Duas mulheres apenas, as duas mais próximas de Jesus e, portanto, em total colapso emocional na ocasião, contaram naquela manhã de domingo que tinham visto Jesus vivo em seu corpo físico logo após a crucificação. Na realidade, todo o aspecto ressurreição sobre o qual o cristianismo se assenta baseia-se quase inteiramente no relato das mulheres.

Deixe-me contar-lhe algo que aconteceu com minha própria família e que de alguma maneira relaciona-se com esse antigo relato de morte e vida depois da morte. Três dias após a morte de meu pai, minha mãe estava sozinha em seu quarto quando subitamente abriu os olhos e viu meu pai em pé, postado ao lado da cama, para todos os efeitos em seu corpo físico. Ele falou com ela e ela, ouviu a voz dele. Ela contou que conseguiu até mesmo sentir levemente sua presença olfativa inconfundível.

Depois, mamãe me disse que tinha certeza de que ele estivera ali ao lado dela fisicamente — e não apenas isso: Jesus estava ao lado dele, segurando-lhe a mão. Ela viu Jesus ali também em corpo físico. Meu pai disse à minha mãe que estava tudo bem, que ele a estava esperando e que ela devia ficar alegre, não triste. Em seguida, tão rapidamente quanto aparecera, papai se foi, e Jesus com ele.

Faço essa observação porque julgo esse episódio pessoal muito semelhante ao que Maria Madalena e a mãe de Jesus experimentaram naquela primeira manhã de Páscoa, quando, tomadas de total desespero, subitamente encontraram Jesus e um anjo de pé à frente delas. Quem poderá explicar a que plano de realidade pertencem essas experiências?

Minha mãe sentiu, sem a menor dúvida, que sua experiência era fisicamente real. Ao que parece, as duas Marias sentiram o mesmo.

Os discípulos de Jesus prontamente aceitaram o relato misterioso das duas mulheres. Em parte porque o corpo físico de Jesus havia desaparecido (há múltiplas explicações para isso) e em parte porque os discípulos presumiam que Jesus não seria simplesmente assassinado, sepultado e ponto-final. O relato de que Jesus aparecera fisicamente às duas mulheres era muito mais fácil de aceitar e de conviver do que a história de que Jesus havia morrido e partido para sempre.

Como fato histórico, jamais saberemos o que aconteceu há dois mil anos. Do ponto de vista racional, portanto, temos uma questão discutível. Podemos crer no que quisermos acreditar, mas historicamente não conseguiremos ir além do plano da crença.

Assim, que se pode fazer? Conduzir nossa vida espiritual com base em crenças esperançosas, mas inverificáveis, de ressurreição física ou mudarmos pensamentos, ideias e imaginações para nossa experiência interior de Jesus, que vem diretamente a nós como Espírito no momento presente e afeta profundamente nossa vida? Essa é a escolha — história antiga ou experiência presente.

Deus é amor

Quando decidimos renunciar ao passado, às imaginações e todo o resto, e nos concentrar em nosso elo direto com o amor de Deus em nossa vida presente, chegamos ao ponto em que sentimos o amor que transcende laços humanos, é infinito e nos acolhe de bom grado nessa comunhão infinita com o divino. Em outro capítulo, já nos aprofundamos no antigo mandamento meditativo "Aquietai-vos e sabei que eu sou Deus". Quero realçar esse desafio com uma de minhas citações prediletas da Primeira Epístola de João (o apóstolo):

> "Aquele que não ama não conhece a Deus; porque Deus é amor" (João 4:8). Essa declaração certamente explica o caminho do cora-

ção, onde nós mesmos devemos amar para conhecer a Deus. Esse ato consciente de escolher o amor é o caminho direto para o divino.

Infelizmente, muitas pessoas passam a vida com muito pouco amor fluindo através do coração. Já vimos por quê: o amor não está presente quando o medo ou o hábito de julgar domina nosso coração e nossa mente. Quando a ansiedade se apodera de nós, o amor desaparece. Quando isso ocorre, não somente sentimos a dor do medo que nos agarra, mas sentimos também a agonia de estar separados de Deus. Pois Deus é amor — se não houver amor, não haverá experiência de Deus.

O mesmo se dá com o ato de julgar. Jesus disse que não julgássemos. Mas quando fazemos isso, sofremos a expulsão primeva do Jardim. Ficamos isolados de Deus e do amor de Deus. Podemos lutar heroicamente (e um pouco desesperadamente) para encontrar Deus por meio de magníficos voos de pensamentos religiosos, mas pensamentos não nos levarão ao nosso objetivo.

Portanto, recebemos o mandamento fundamental do Antigo Testamento: "Aquietai-vos e sabei que eu sou Deus". Nessa quietude, vejam só, descobrimos que o amor realmente aflui ao nosso ser. Suprimam os pensamentos, recebam o amor. É nisso que vamos nos concentrar, mais e mais, para incentivar com veemência o ato de participar do amor de Deus.

Compaixão em ação

O amor nos faz sentir maravilhosamente bem. O amor nos torna vivos no momento presente. O amor é o laço que mantém juntos os corações. Assim, é claro, todos nós gostaríamos de acumular uma grande porção de amor em nossa posse e guardá-lo a fim de ser ricos de amor.

Mas, como o leitor concordará, de acordo com sua própria experiência interior, o amor não é algo que se possa armazenar no coração. Uma das características elementares do amor é que ele só existe em ação, quando o compartilhamos, quando está em movimento; o amor é uma força que flui livremente e pode preencher nosso coração, mas não é possível colocar uma tampa no coração depois que ele esteja cheio de amor e assim deter a posse dessa quantidade bem guardada para uso futuro.

> **O amor vem e vai livremente — e vem novamente. Jesus disse que quanto mais damos, tanto mais recebemos — essa é a natureza do amor de Deus. Assim como o amor flui para fora, também flui para dentro.**

Essa é a minha experiência em minha relação com Jesus e com o Espírito na unicidade da presença de Deus. Tudo o que tenho de fazer para trazer o fluxo do amor para dentro de minha vida é dizer sinceramente: "Meu coração está aberto para receber o amor de Deus", e o amor flui para dentro de mim. E minha reação natural a esse influxo do amor é compartilhá-lo com os que estão à minha volta. Se não for assim, o amor começa a desaparecer.

Espero que a compreensão do amor de Deus, este algo que não podemos possuir nem por um momento sequer, seja fundamental em sua preparação para andar no caminho do coração. A experiência do influxo do amor sempre será novidade, assim como toda experiência no momento presente é sempre nova. Só quando cessamos nossos pensamentos e nos esvaziamos do passado é que podemos nos preencher com o presente. É um fato da vida; foi assim que Deus armou essa coisa toda, na minha maneira de ver. Foi assim que Jesus amou — e é assim que amamos. Compaixão e em movimento perpétuo.

Momento de reflexão

Mais uma vez, percorremos uma grande distância rapidamente. É hora de fazer uma pausa, deixar a poeira assentar e incentivar o leitor a deixar o livro de lado para concentrar-se em qualquer ação que lhe esteja ocorrendo agora mesmo no coração e na alma. Insisto em que pare a leitura agora, pelo menos por alguns minutos, de maneira que possa se desligar dos pensamentos e pôr toda a atenção da mente no momento presente. Descubra que sentimentos, percepções e mesmo revelações podem estar à sua espera em meio a suas próximas respirações.

Aqui, neste momento presente, volte sua atenção para sentir:

- *o ar fluindo para dentro e para fora de suas narinas;*
- *os movimentos do seu peito e abdome enquanto respira;*
- *os sentimentos do seu coração agora mesmo.*

Jesus disse: "Amai-vos uns aos outros como eu vos amei". Enquanto permanece concentrado na percepção profunda de sua respiração e do seu coração agora mesmo, continue e diga a si mesmo: "Meu coração está aberto para receber o amor benéfico de Deus". Permita que essas palavras ecoem pelo seu coração, sua mente e sua alma enquanto você se abre à presença amorosa de Jesus e do Espírito em sua vida e experiencie o amor fluir para você.

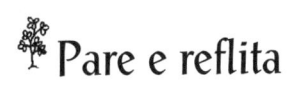

Pare e reflita

13

"E conhecereis a verdade, e a verdade vos libertará"

Como já observamos anteriormente, Jesus não ordenou que *pensássemos acerca* da verdade, nem que *refletíssemos sobre* ela, que *acreditássemos* na verdade, tampouco que *imaginássemos* a verdade. Ele não nos disse que aceitássemos o que outros nos contaram sobre a verdade nem nos disse para seguir o que a Bíblia diz sobre a verdade. Em vez disso, disse-nos de forma contundente que "*conheceríamos* a verdade" diretamente.

Já falamos sobre o significado antigo do verbo "conhecer" e de como ele se refere à experiência pessoal suprema de formarmos uma unidade com a verdade. Conhecer a verdade é um ato, uma imersão. É uma entrega e uma descoberta e, principalmente, uma experiência.

> Sabemos que uma coisa é verdadeira quando a vivenciamos nós mesmos. O resto é suposição, crença, projeção ou uma convicção baseada em desejos, não em fatos. Porém, quando temos uma experiência que nos parece válida no âmago de nosso ser, então sabemos que ela é verdadeira. Eu iria mais longe e diria que esse conhecimento é algo sentido no coração. Saber no coração que algo é verdadeiro é realmente conhecê-lo.

Como, então, nos acercarmos do conhecimento da verdade? Que é a verdade, afinal? Em algumas tradições cristãs gnósticas esotéricas da igreja primitiva, escrevia-se verdade com a letra inicial maiúscula, bem grande, e isso era a Verdade. Isso está bem de acordo com a cosmovisão grega da Antiguidade, para a qual havia realidades absolutas ou Verdades. Em nossa época, a tendência não é perceber o mundo em termos absolutos. Em geral, eu não trato da verdade como uma Verdade intemporal e imutável. Em vez disso, parece-me mais conveniente abordá-la como uma sensação de realização e de certeza, de conhecer algo no interior de meu ser.

Também me parece melhor abordar a verdade como uma experiência que está sempre surgindo como novidade de cada momento. Conhecemos a verdade agora mesmo — e devemos abandonar essa experiência da verdade a fim de adotar a experiência da verdade do próximo momento. Isso faz sentido para você? Para mim é uma diferença vital.

Em última análise, a verdade parece ser nada mais, nada menos, que a realidade do momento presente, não importa o que isso signifique para nós agora mesmo. A verdade é o que é real. Se temos crenças que não são inteiramente coerentes com a realidade, essas crenças em geral nos impedirão de conhecer a verdade.

A verdade gera-se a si própria continuamente e, portanto, é infinita; não se pode confinar em nenhum de nossos limitantes conceitos de realidade. A verdade também está sempre mudando, porquanto a mudança é a única constante que encontramos no universo.

Como vivenciar essa verdade? Como a conhecemos diretamente? Essa experiência parece ser uma percepção e uma sensação, uma concepção do corpo inteiro — é a interface imediata que Deus nos deu para conhecermos pessoalmente a realidade em que vivemos. Jesus está nos indicando (como faz tão frequentemente) o encontro direto e total, não apenas ideias grandiosas. Sim, muitas vezes ideias relacionadas à nossa experiência da verdade nos veem à lembrança, pensamentos inspirados que surgem da função intuitiva do cérebro total, que inclui o pensamento dedutivo. Mas esses pensamentos inspirados transcendem nosso nível habitual de pensamento.

Percebemos a realidade e todos os aspectos espirituais mais profundos da vida não apenas por meio de nossos cinco sistemas sensoriais externos (visão, audição, paladar, tato, olfato) e ideias resultantes, mas também por meio daquilo que, por falta de uma palavra mais adequada, chama-se de *sexto* sentido — essa sensação mais direta de encontro com o divino, com a verdade, com a realidade... com Deus.

Lembro-me de que, num dos notáveis livros de Carlos Castañeda sobre os antigos ensinamentos de Don Juan Mateus, um índio yaqui ancião, quando Castañeda perguntou ao mestre o que é real, Don Juan sorriu, tocou o peito de Castañeda e respondeu: "A realidade é uma sensação bem aqui". De fato, nesse aspecto, a verdade parece mesmo uma sensação, uma experiência íntima que conhecemos no coração e em nossa presença sensorial de corpo inteiro.

Conhecer a verdade — a prática

Cada vez que nos concentramos no coração e na presença de nosso corpo inteiro, com a mente quieta e a alma receptiva, estamos em condição de conhecer a verdade. É de esperar que esse lampejo interior do encontro com a realidade aconteça frequentemente todo dia. Estou incentivando-o a desenvolver uma meditação habitual em que você se concentre conscientemente na verdade.

A prática do "conhecimento da verdade", como estamos estudando desde o início, é essencial: volte a atenção para a respiração — a verdade já está aí! Viva a verdade de sua relação com o oxigênio, a verdade de que, sem oxigênio momento a momento, você deixa de existir como uma presença física neste planeta.

Viva essa verdade ainda mais profundamente, exalando e segurando sua respiração por alguns momentos, até sentir a premência para inalar. Essa é a realidade de sua vida biológica — desfrute-a! Da mesma forma, enquanto expande sua percepção, sinta o coração batendo em seu peito. Quanto mais aprender a sentir esse nível experiencial da realidade, mais profundamente você ingressará na verdade. A realidade é que seu coração e sua respiração sustêm a sua vida. Sentir essa verdade, em vez de apenas pensar nela, significa penetrar em um nível mais elevado de consciência.

Quando você volta a atenção para o coração, nunca encontra nele a mesma experiência duas vezes, conforme já vimos. O que vai encontrar, então? Essa é a aventura — o puro prazer e, às vezes, a emoção extrema de meditar sobre a própria realidade.

> **É algo sempre novo e às vezes infringe o seu conceito de realidade, de maneira que você tem de escolher entre negar a experiência da verdade ou ampliar e adaptar o seu conceito de realidade de modo que inclua a verdade.**

Toda vez, o modo que você administra seu encontro com a verdade só depende de você — e sem julgamentos, por favor. Como ocorre com todos os mandamentos de Jesus, este parece ter a forma de um desafio, uma direção para ter como objetivo e perseguir como prática espiritual diária.

A verdade vos *libertará*

Haverá realmente liberdade em nossa vida? Temos Liberdade como um conceito, como um objetivo, e quase como um ídolo religioso ou mesmo político. Mas será que podemos ter a experiência concreta de ser livres? Jesus responde afirmativamente de maneira totalmente explícita. E eis a maneira de alcançar a verdadeira liberdade: conhecer a verdade.

> **A liberdade se apresenta quando nos entregamos à realidade. É simples assim, e os mestres espirituais sempre souberam disso. Agora é o momento de nós também conhecermos esse fato — e conhecê-lo no coração, como experiência.**

Aquietando a mente e abrindo-nos à sabedoria e reflexão que o Espírito nos traz, podemos conhecer a verdade diretamente e nos libertar.

Essa liberdade verdadeira é o objetivo de toda meditação, porquanto tão somente olhamos para o nosso interior e vivenciamos a verdade daquilo que encontramos. Jesus conhecia essa verdade e ordenou que seus seguidores a conhecessem também. Por que, então, quase não praticamos isso?

A liberdade assusta. Será que desejamos realmente ser livres ou será que queremos viver dentro de limites, regulamentos e crenças fixas que restringem o que poderia acontecer em nossa vida? Em muitas circunstâncias, a segurança é vista como o oposto de liberdade, e nós desejamos a segurança porque assim nos sentimos sãos e salvos e bem protegidos. No que me diz respeito, não vejo nada de anormal nisso. Como disse Alan Watts, vivemos numa realidade de 200%, na qual podemos nos sentir completamente seguros e completamente livres ao mesmo tempo — se nos rendermos à realidade, à verdade.

Eis o que aprendi meditando sobre a verdade, sobre a realidade: quando minha mente opõe resistência à realidade, quando se recusa a aceitar a verdade dos fatos, sofro e fico inseguro. Nada há de mais perigoso do que recusar-se a aceitar o que é verdadeiro, real — porque quando se luta contra a realidade, sai-se ferido.

Se, porém, conhecermos a verdade, se aceitarmos a realidade e nos rendermos à totalidade do que está ocorrendo agora mesmo em nossa vida, algo realmente extraordinário acontecerá. Entramos em harmonia com a realidade, começamos a participar espontaneamente dessa realidade; cada célula ressoa harmoniosamente com cada outra célula, de maneira que a dança da vida fica confiante, segura e prazerosa.

Isso é liberdade, para mim — liberdade de participar plenamente da realidade em si. Quando nos livramos de nossas atitudes e crenças, de nossas suposições e projeções, quando conhecemos a verdade em nosso coração, uma qualidade de vida inteiramente nova toma conta do nosso ser.

O Espírito nos inunda à medida que nos entregamos à nossa natureza espiritual profunda, o que significa participar da dança que Deus está tamborilando em nosso ritmo de vida momento a momento. Você deseja essa liberdade para ser você mesmo?

Jesus indicou o caminho para essa liberdade. Olhe para seu interior regularmente, sem julgamentos, sem pensamentos, sem expectativas — e conheça o que é real em seu coração. Isso é a essência da espiritualidade; é tão simples e fácil, contudo, para a maioria de nós, tão difícil e complexo.

Espero que este livro e suas meditações ofereçam um caminho que facilite o conhecimento da verdade para o leitor. Conhecer a verdade é uma questão de estar atento a todo instante. Nosso desafio é nos concentrar na verdade sempre, de maneira que renasçamos incessantemente na liberdade do momento presente eterno.

Momento de reflexão

É neste exato momento que você conhece a verdade — não em algum tempo futuro ou passado. Não importa o que você estiver fazendo, este é o momento da verdade.

Você está lendo estas palavras, está respirando, tem sentimentos no coração, está consciente do seu corpo inteiro de uma só vez. Está absorto em íntima interação com o seu ambiente por meio de todos os seus sentidos e do seu senso de comunhão também. Aí está, essa é a verdade que você conhece. E essa verdade experiencial o liberta constantemente do seu condicionamento passado.

Concentre-se no ar fluindo para dentro e para fora do seu nariz ou da sua boca agora mesmo... sinta as sensações que estão sendo criadas por esse fluxo... a realidade dessa sensação, a verdade de sua unicidade com o ar à sua volta. Prove isso diretamente — conheça!

Expanda sua percepção da verdade para incluir os movimentos do seu tórax e do seu abdome à medida que respira... a expansão e contração contínuas; a força vital que estimula sua próxima respiração no plexo solar; sinta-a — conheça-a como verdade fundamental!

Conheça também a verdade dos sentimentos do seu coração em meio a seus movimentos respiratórios... todas as suas emoções, além dos sentimentos profundos do coração, onde você sente a presença de Deus, onde o amor de Jesus vive dentro de você, onde o Espírito habita — sinta-o; conheça-o!

Enquanto sua percepção se expande até incluir seu corpo inteiro aqui neste momento presente, sinta-se como um ser completo, vivo e tão real como todo o resto da realidade... aí é que está: você é a verdade. Assim, quando você olha para dentro de si mesmo e se aceita exatamente como é, nesse processo de autoaceitação total você conhece a realidade de quem você de fato é.

Depois, ao abrir o coração ao influxo da sabedoria e verdade que se acham além de sua realidade pessoal, sua mente e todo o seu ser serão envolvidos por uma quietação mais profunda. Respire em consonância com a experiência que se apresenta a você enquanto se abre para conhecer a verdade e deixe que esse conhecimento o liberte... agora mesmo.

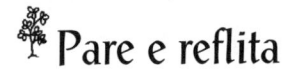

Pare e reflita

14

"Portanto, sede vós perfeitos como perfeito é o vosso Pai celeste"

Finalmente, chegamos ao controverso preceito de Jesus que leva tudo isso ao nível supremo de completude e inteireza: "Portanto, sede vós perfeitos como perfeito é o vosso Pai celeste" (Mateus 5:48). Quando eu era menino, lembro-me de ter sido informado de que essa declaração de Jesus não pode ser entendida por crianças, mas que, por enquanto, não deveríamos pensar de maneira alguma que isso significa que somos iguais a Deus. Empenharam-se em me ensinar que a verdade era justamente o contrário: somos irremediavelmente imperfeitos e estamos nos atolando constantemente no pecado e na degradação, principalmente nos pensamentos e imaginações que nos assaltam.

Na verdade, cheguei ao seminário sem ter nenhuma explicação do que Jesus queria dizer com essas palavras. Já no seminário, eu ouvia uma história diferente de cada professor a quem eu perguntasse, sem falar em dezenas de teólogos cujos livros sobre o assunto eu lia. E, como seria de esperar, as explicações que eu recebia eram de natureza filosófica, de conteúdo intelectual, para satisfação da mente, e totalmente destituídas de sentido quando eu fazia um confronto direto com as palavras na meditação.

> Na meditação, quando eu aquietava meus pensamentos e tão somente deixava que essa mensagem de Jesus ressoasse dentro de mim, havia sempre a afirmação clara que surgiria em meu coração, a voz tranquila, mas infalível, que me dizia: "Prossiga no que está fazendo!".

Mais uma vez, temos aqui um chamado inequívoco para a ação. Jesus não disse que devíamos pensar em ser perfeitos. Ele disse deveis ser perfeitos. Os ensinamentos importantes de Jesus sempre produziram em mim um impacto desse tipo: não são ideias intelectuais, são verdades manifestadas do âmago de nosso ser. O único meio de penetrar na verdade do que Jesus está dizendo é — fazer.

Assim, por um breve momento apenas, eu me permitia ser perfeito. Renunciava a todos os julgamentos que fazia contra mim mesmo e me dava uma ficha limpa: "perfeito". Nada de errado comigo. Estou bem assim como estou. Tudo está perfeito!

Assim que eu entrava na primeira parte da equação que Jesus esboçara para mim: "Sede perfeitos", a segunda parte era ativada: eu vivenciava um lampejo quando ocorria o contato com a perfeição de Deus. Subitamente eu perdia a sensação de estar apartado de Deus. Eu era igual a Deus, em harmonia, estava limpo, purificado... e, meu Deus, que sensação!

Então eu saía da meditação tremendo, de certa forma muito temeroso de que o que eu acabara de fazer era pecado mortal, totalmente proibido. Embora Jesus tivesse dito que eu fizesse isso e a sensação fosse absolutamente divina e eternamente correta, meu sistema nervoso cristão condicionado reagia como se um raio fosse me atingir. Porque eu tinha ousado supor que sou tão bom, puro, poderoso e perfeito como Deus. Os seres humanos não podem sentir-se assim, senão...

Senão o quê?

"Seja perfeito... assim como o Pai é perfeito no céu".

Temor de Deus

O Deus do Antigo Testamento era representado na maioria das vezes como um sujeito bastante desagradável que arrasava cidades inteiras se os habitantes fizessem algo que ele não permitia. Deus era colérico, e as pessoas temiam a sua cólera. Há mais sangue no Antigo Testamento do que em praticamente qualquer outro livro que já li. Grande parte desse sangue foi consequência direta da ira de Deus, que atacava e destruía seres humanos por terem praticado atos que sabiam não deviam praticar. Não há dúvida de que um desses atos era imaginar ser tão bons, tão grandes e tão perfeitos quanto Deus.

Depois veio Jesus dizendo algo completamente contrário. Na realidade, ele incentivou seus seguidores a mudar o curso dos acontecimentos. Ordenou-lhes cabalmente que fossem perfeitos, assim como Deus é perfeito. Naturalmente, a experiência de ser perfeito exatamente como Deus é perfeito não é diferente de tentar ser Deus. Eu pelo menos jamais consegui ver a diferença. Perfeição é perfeição, e quando sou perfeito, sou a própria perfeição. Dentro dessa perfeição não há o que me separe de Deus.

"No princípio era o Verbo, e o Verbo estava com Deus, e o Verbo era Deus." (João 1:1). Assim começa o Evangelho segundo João, o quarto do Novo Testamento. Quando nos tornamos perfeitos, quando apagamos da mente qualquer julgamento de imperfeição autoimposto, não apenas vamos à presença de Deus mas também *somos* Deus. Até onde consigo discernir, a única coisa que nos impede de viver perpetuamente nesse estado de perfeição é o nosso medo de estar fazendo algo errado se nos considerarmos seres perfeitos.

> Aqui está a dificuldade que a ordem: "Portanto, sede perfeitos", dada por Jesus, impõe à classe sacerdotal. Se o indivíduo tem consciência de ser perfeito, então não necessita que Jesus morra por seus pecados, já que não é pecador. É isso! Jesus está apontando para além da teologia do "morrer por meus pecados" e nos libertando.

A verdade é que somos perfeitos, senão Jesus não nos mandaria que fôssemos. Nossos pensamentos se tornam imperfeitos, sim. Portanto, Jesus nos ordena que deixemos nossas atitudes culturais arraigadas e os julgamentos negativos e vivenciemos a verdade. Essa verdade com certeza nos libertará.

Como superar o medo de ser perfeito? Siga em frente e sinta a experiência de ser perfeito em algumas respirações, no início. Diga a si mesmo: "Sou perfeito", e deixe que essas palavras ecoem por todo o seu ser. Diga isso... faça isso. E veja se Deus o pune com a morte por decidir concentrar-se em sua natureza perfeita e vivê-la.

Cada vez mais, você vai descobrir no coração que a verdade é que Deus o ama e quer que você se sinta perfeito — esse é o estado natural do amor incondicional a si próprio. Somos todos perfeitos no amor. É por isso que Jesus deu tanto destaque a "amarmos a nós mesmos assim como ele nos ama", sabendo plenamente que, como afirmou, ele nos ama assim como seu Pai no céu o ama. A lógica é irrepreensível. É a verdade. Vivamos nela.

Todos juntos agora

Como se vê, tudo se encaixa. Cada uma das sete afirmações de Jesus que examinamos é parte da visão maior de quem somos e de qual é verdadeiramente nossa relação com o divino, se nos rendermos à realidade e participarmos dessa comunidade espiritual maior.

> **Tudo é tão simples quando deixamos de lado nossos medos e suposições, e começamos a confiar em nosso coração e em nossas sensações, e a ouvir o que nossa voz interior está nos dizendo. O Espírito está sempre esperando para nos dizer a verdade, se estivermos serenos e receptivos.**

Conhecer a verdade tem tudo a ver com ouvir a voz de Deus, uma voz interior que emerge do centro do coração. Essa voz sussurra calmamente: "Siga em frente e descubra por experiência própria quem você realmente é. Tente ser perfeito — ser um só com Deus no amor. Permita que o Espírito aja através de você a cada momento novo — e desfrute viver o céu na Terra".

Pelo menos, é a voz que ouço frequentemente. É claro que às vezes me esqueço; sou levado por pensamentos que me apartam do amor de Deus em meu coração. Parece que todos nós perdemos regularmente a consciência de contato. Afinal, somos humanos, e a atividade biológica do ego que tenta exercer o domínio sobre nossa interioridade às vezes nos leva a ideias baseadas no medo. Nosso condicionamento cultural quase sempre nos arranca do paraíso e nos leva a atitudes e crenças que rompem nossa bolha espiritual.

> **Mas também temos o poder de assumir a direção de nossa mente, para vivermos cada vez mais no amor e cada vez menos no medo. Temos a capacidade consciente de viver no momento atual e de permitir que o Espírito aja através de nós, em vez de viver no passado e no futuro e permitir que o nosso ego dê as ordens.**

Temos a escolha de aceitar, de nos entregar e de participar, em vez de rejeitar, dominar e manipular as coisas por meio do momento presente. Espero que o programa de meditação que você vai aprender agora, baseado nos sete preceitos de Jesus que acabamos de examinar, ofereça-lhe um caminho sólido e vitalício, um caminho que o ajude a permanecer no momento presente, em seu coração e unido com Deus.

A escolha está sempre diante de nós. É o jogo interior da vida, no qual vemos a cada momento até onde podemos escolher sempre a luz. Somos a criação perfeita de Deus. Todos os pensamentos e crenças contrários devem ser descartados. Mãos à obra!

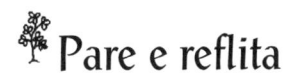

Momento de reflexão

Você acha que a criação de Deus é perfeita? Se Deus é perfeito, como é possível que qualquer coisa que ele crie não seja perfeita? Se Deus o criou (excluídas todas as teologias manipuladoras), você é realmente perfeito. Além disso, se você agir como Jesus disse e deixar de fazer qualquer julgamento, como é possível que a ideia de imperfeição nem sequer passe pela sua cabeça? É isso — a criação perfeita de Deus.

O ar fluindo para dentro e para fora do seu nariz... perfeito... os movimentos em seu peito e em seu abdome à medida que você respira... perfeitos; os sentimentos do seu coração, sejam quais forem... são perfeitos. "Sou perfeito... sou completo... sou um com Deus".

O amor aflui ao seu coração e esse amor é perfeito; cura; purifica; esse amor é o que o torna perfeito. Deus é amor e, quando você está repleto de amor, está repleto de Deus. Isso é tudo... amor .

Pare e reflita

Terceira parte:
Vivenciar a nova meditação

Chegamos agora ao âmago de nossa investigação: o processo pragmático e absolutamente profundo de abrir o coração e a mente à comunhão direta com o espírito de Jesus em nossa vida e além, em unicidade total e ativa com Deus.

Há sete etapas, ou expansões, nesta experiência da Nova Meditação. Cada uma se apoia na expansão anterior; a ordem é importante. Já falamos sobre cada uma dessas expansões. Agora é hora de nos concentrar exclusivamente na experiência propriamente dita, que está além de qualquer palavra e pensamento. Para isso, vou ensinar sete frases de meditação que levam imediatamente a atenção do leitor para cada nova expansão. Depois, tudo o que você tem de fazer é aquietar-se, ficar consciente de sua respiração, ouvir sua voz interior e abrir o coração ao toque de Deus.

Você poderá transitar rapidamente pelo processo de expansão das sete frases quando dispuser de apenas alguns minutos, ou poderá ir mais devagar quando as circunstâncias o permitirem. Cada vez que você pronunciar as frases na ordem correta, o excepcional poder evocativo dessas palavras estimulará um despertar que não cessa de expandir-se. Na seção "Palavras Finais", ensino a expansão final da meditação — uma maneira extraordinária de passar pelas sete expansões não apenas uma vez, mas três ou quatro vezes, elevando-se cada vez mais alto na espiral de Jesus, até que todos os pensamentos se dissolvam por completo, até mesmo as frases de foco, e você ingresse na singular comunhão pessoal com Deus.

15

Respirar com Jesus

Meditação 1: "Deus respira em mim".

Meditação, no fundo, significa um estado de intensa percepção do momento presente. Sim, existem todos os tipos de formas, rituais e cerimônias altamente esotéricos de meditação, mas a experiência de meditação propriamente dita sempre se restringe ao mesmo processo básico: conscientização da presença do indivíduo aqui neste eterno momento e a expansão dessa consciência pessoal à medida que ela estabelece contato cada vez mais direto e mais íntimo e comunhão com o divino.

Quero lhe mostrar o processo de meditação mais simples e mais eficaz que conheço para que você estabeleça contato com a experiência meditativa profunda. Vou apresentar esse processo de meditação inteiramente dentro da estrutura dos ensinamentos de Jesus e de sua presença incessante em nosso coração.

A meditação sempre tem início com o ato de voltar a percepção da pessoa para a experiência de sua respiração no agora. O "sopro de Deus" é um tema e uma presença que ocorre na Bíblia inteira. Iahweh "insuflou o sopro de vida" em Adão na criação; até mesmo o nome Iahweh é traduzido do hebraico antigo com o significado de "sopro divino".

A respiração é fundamental, principalmente quando se começa a praticar meditação e experimenta de que maneira uma concentração tranquila nos movimentos respiratórios pode funcionar como um caminho direto para o seu coração. De fato, um encontro inesperado com o seu Criador está sempre à sua espera, bem no meio de sua experiência com a respiração.

Em páginas anteriores deste livro, já lhe apresentei algumas experiências com a respiração. Vamos percorrer novamente o processo básico de concentração na respiração, já que esse é o primeiro hábito espiritual a ser criado quando desejamos expandir o senso de união com nossa natureza espiritual mais elevada.

> Você não precisa fazer nem mudar nada para começar a meditar concentrando-se na respiração; simplesmente amplie sua percepção no momento atual enquanto lê estas palavras a fim de incluir a sensação que está ocorrendo em seu nariz enquanto o ar é inalado... e exalado... e inalado novamente.

Ainda que você não aprenda mais nada neste livro senão a se conscientizar — pelo resto de sua vida — do ar fluindo para dentro e para fora de suas narinas, isso será suficiente. A respiração, segundo digo em alguns de meus livros, é o começo e o fim na experiência da meditação e do despertar pessoal.

Quando está consciente de sua experiência de respiração, você percebe que está concentrado no momento presente. O simples ato de expandir a percepção para incluir sua experiência de respiração o transfere para o reino do céu — fabuloso! Existem tradições de meditação, principalmente no budismo, em que toda a prática é a percepção da respiração. O simples ato de manter a atenção na respiração durante um período de meia hora a uma hora por dia pode dar à sua vida espiritual novos rumos.

A dificuldade é que a maioria das pessoas não consegue consolidar essa meditação simples, nem torná-la um hábito diário. Por quê? Porque, como sabe, a mente racional imediatamente quer que você concentre toda a atenção de volta naquilo que ela considera mais importante de nos conscientizar — principalmente ruminações sobre o passado, preocupações com o futuro e a elaboração de planos para evitar, de alguma maneira, problemas que se imagina possam acontecer. Infelizmente, pelo fato de só encontrarmos Jesus, Deus e o Espírito Santo no aqui e agora, como uma experiência do momento presente, o ego não educado constantemente nos afasta de nosso centro espiritual a fim de planejar um sem-número de atividades no campo das funções mentais referentes ao passado e ao futuro.

Como, então, manter a consciência dos movimentos respiratórios? Encontrei mais respostas a essa pergunta na área de pesquisas psicológicas sobre a percepção do que na instrução da meditação. Desse modo, permita-me ensinar-lhe o atalho para o conhecimento da respiração.

O nariz sabe

Em primeiro lugar, você precisa redirecionar conscientemente seu poder de atenção para a experiência real do ar fluindo para dentro e para fora do seu nariz. Isso o transfere imediatamente para o momento presente, para o modo perceptual, e o afasta, pelo menos um pouco, do modo racional. Você já deu um passo para chegar à presença de Deus.

Faça isso agora se desejar — sinta essa sensação! Você vai notar que a sensação é (geralmente) mais intensa quando você inspira do que quando expira, por causa da diferença da temperatura do ar. Em geral, o ar que flui para dentro do nariz é mais frio que a temperatura do corpo, e isso produz uma sensação distinta, juntamente com as sensações de movimento e as fragrâncias no ar.

No mínimo durante uma respiração, e no máximo três, mantenha toda a atenção no nariz e no que está sentindo dentro dele enquanto inspira e expira. Sinta a sensação penetrante do ar fresco na inspiração e do ar menos intenso e mais aquecido na expiração... e perceba o que sente ao inspirar novamente agora.

Porém, antes de se entediar com essa coisa aparentemente simplista e voltar a pensar racionalmente, eu o convido a seguir em frente e dar o próximo passo na direção de Deus: amplie a atenção da mente para incluir, juntamente com as sensações do seu nariz durante a respiração, as sensações de movimento do seu tórax e do seu abdome que estão sendo produzidas pelos movimentos de inspiração e expiração.

> **Exercite isso até conseguir reter em sua percepção duas sensações diferentes ao mesmo tempo: as sensações do nariz, e as sensações do peito e do abdome — ambas enquanto respira. Já foi comprovado que esse ato de perceber duas sensações físicas ao mesmo tempo em si, e por si, aquieta rapidamente todos os pensamentos.**

É muito difícil ficar perdido em pensamentos e ao mesmo tempo imerso em sensações. De maneira que, nesse processo de expansão dos movimentos respiratórios, você decide conscientemente transferir-se do ato de pensar para o ato de vivenciar. No começo, é possível que isso exija um pouco de treino. Insista no processo até saber de cor; domine essa transferência até atingir a consciência da respiração com plena harmonia. Faça o possível para nunca abandonar esse novo instrumento que o transfere do modo de pensamento racional (passado-futuro) para o modo de experiência do momento presente. Isso é a essência da meditação; é aí que você encontra o divino. Aqui e agora, bem no meio de sua experiência com a respiração.

É comum dizer-se que alguém está inspirado. *Inspirar* significa "inalar", assim como *expirar* significa "exalar". Quando nos concentramos no ar que flui para dentro de nosso corpo, parece que também nos afluem à mente reflexões — porque nossos pensamentos mundanos estão aquietados e estamos receptivos a um plano mais alto de entendimento. Já escrevi livros inteiros sobre esse tema (*Quiet Your Mind*, principalmente), por isso não vou ser eloquente aqui tentando elogiar os imensos benefícios que a consciência da respiração propicia. Dito de modo bem simples, o objetivo espiritual consiste em estar aqui no momento presente tanto quanto possível. E a conscientização dos movimentos respiratórios é o caminho direto para esse objetivo.

A fim de ajudá-lo com um apoio concreto para você aprender a concentrar-se na respiração, cito a seguir duas frases de idêntico propósito que ensino em todos os meus livros sobre meditação: "Estou consciente do ar fluindo para dentro e para fora do meu nariz" e "Também estou consciente dos movimentos de meu peito e de meu abdome enquanto respiro". Dedique o tempo necessário para memorizar essas frases.

Essas palavras são muito eficazes quando você as diz para si mesmo enquanto se concentra na respiração. A verbalização da ação o ajudará instantaneamente a fazer o que acaba de dizer. Decore, pois, essas frases. Use-as com frequência todos os dias para deslocar-se para a região de Deus.

A atmosfera eterna

Enquanto se concentra na experiência da respiração, você também se concentrará naturalmente no ar à sua volta, o ar que você está respirando. Desse modo você ampliará sua consciência para além de sua bolha de consciência pessoal, na direção da atmosfera que rodeia nosso planeta como um oceano gasoso contínuo.

Esse oceano atmosférico é composto das mesmas moléculas de ar que existiam há milhares, milhões, até mesmo bilhões de anos. No universo nada se cria, nada se perde, e o oxigênio que é levado aos pulmões e à corrente sanguínea e depois acende nossa chama interior consiste exatamente nas mesmas moléculas de oxigênio que as pessoas sempre respiraram.

Com efeito, do ponto de vista estatístico, Jesus certamente respirou algumas das mesmas moléculas de ar que estamos respirando agora — de maneira que, na meditação introduzida pela respiração, temos até esse elo fisiológico com Jesus.

Enquanto isso, aqui está você neste momento, ainda respirando... e passo a passo aprendendo a ficar cada vez mais consciente de sua respiração, mesmo enquanto faz outra coisa no momento. O truque está no centro do processo da ampliação cada vez maior da consciência, de uma vez só, do que está habituado. A espiritualidade tem tudo a ver com a expansão da consciência. Não se contrai a percepção a fim de sentir a presença de Deus — ao contrário, amplia-se. Pelo menos no tipo de meditação que ensino, você não perde a percepção de sua identidade individual para sentir Deus. Permanece consciente de sua respiração individual, de sua própria pulsação cardíaca, de todo o seu corpo aqui no momento presente — e ao mesmo tempo expande a percepção para incluir também a presença de Deus. Todos em um, e um em todos.

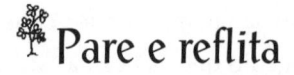

Momento de reflexão

Vivencie novamente esta meditação pela respiração: o ar fluindo para dentro e o ar fluindo para fora... seu coração bem no meio de sua respiração e a sensação de seu corpo inteiro. Conscientize-se de sua presença inteira de uma vez e agora expanda a consciência individual para incluir o ar à sua volta... o mundo todo e, no meio de toda essa experiência terrena, concentre-se também na infinita presença espiritual de Jesus, de todos os mestres espirituais. Nessa expansão infinita, deleite-se com sua experiência individual de unir-se ao divino...

Pare e reflita

"Olhai os lírios do campo" — mais uma vez

Muita gente julga que a vida é um esforço, que é preciso dar o máximo de si a cada novo momento e empregar todas as energias para sobreviver e conseguir o que quer. As pessoas chegam até a pensar que respirar é uma ação que elas realizam — e que cada respiração é um sacrifício. Jesus ensinou justamente o contrário.

> Quando observamos os lírios, vemos que eles não fazem esforço. Contudo, têm tudo de que necessitam. A maioria das criaturas na natureza não faz esforço, mas nós fazemos. Nossa tendência é forcejar constantemente, empurrar e nos fatigar com trabalho pela vida afora, exasperados pelas ansiedades, agressões geradas pelo medo e pelas velhas atitudes que produzem tensão e conflito.

Para ser franco e direto: que chatice! Principalmente tendo em conta que o caminho espiritual é um fluir imperturbado. Jesus nos mandou observar os lírios e viver em harmonia com o vislumbre que os lírios nos oferecem sobre a criação de Deus. Em parte alguma isso é mais importante do que nossa respiração. Quando se concentrar pela primeira vez na sua experiência com a respiração (que provavelmente dará a sensação de ser tensa em vez de descontraída), recomendo que não tente mudá-la, mas simplesmente que a aceite — e a deixe livre.

Na realidade, isso é muito fácil de fazer. Ao se conscientizar do ar fluindo para dentro e para fora do nariz e expandir a consciência para incluir os movimentos do tórax e do abdome em cada respiração, exale deliberadamente o ar dos pulmões até esvaziá-los. Em seguida, segure a respiração pelo período de cinco a dez segundos. Faça contato com aquela poderosa força interior que o faz respirar. Quando estiver muito necessitado de ar (mas não a ponto de sentir-se desconfortável), prossiga e deixe que a deliciosa inalação seguinte aflua impetuosa em seus pulmões — sem nenhum esforço!

Execute a sequência "expirar-segurar-inspirar" de duas a cinco vezes seguidas até que suas novas inspirações ocorram inteiramente sem esforço e proporcionem uma sensação deliciosa! Agora você está vivendo como os lírios, respirando sem nenhum esforço. Está deixando Deus respirar em você. E você está respirando com Deus.

Para focalizar plenamente essa experiência, você pode dizer a si mesmo a frase elementar de meditação desta primeira expansão: "Deus está respirando em mim".

É um presente maravilhoso que você pode se dar várias vezes durante o dia, e requer apenas um minuto. Além disso, o exercício o prepara para as próximas expansões de meditação completa. Aqui está, em síntese, a primeira expansão para que você a memorize nas próximas semanas e faça dela o seu portal permanente e instantâneo para o céu na Terra.

Expansão da meditação 1: "Deus sopra em mim."

Esta primeira expansão pode ser feita independentemente do ou como o início da experiência da Nova Meditação completa.

Fique descontraído e à vontade... espreguice-se um pouco se desejar; boceje para relaxar mais um pouco. Agora volte toda a atenção para o seu nariz, para a sensação do ar fluindo para dentro e para fora a cada inspiração e expiração... e diga: "Estou consciente do ar fluindo para dentro e para fora de minhas narinas".

Agora expanda a consciência para incluir também os movimentos do seu peito e abdome enquanto respira. Diga: "Também estou consciente dos movimentos do meu peito e do meu abdome".

Na expiração seguinte, retire todo o ar dos pulmões e segure a respiração alguns instantes. Sinta a necessidade do ar, depois relaxe e deixe que a inspiração seguinte flua com ímpeto, por si só, por suas narinas! Faça isso de duas a cinco vezes para deixar a respiração ocorrer livremente.

Em seguida, expanda a percepção para incluir o ar que o cerca, o ar que você está respirando. Expanda mais para conscientizar-se da atmosfera unificadora da Terra em que você está imerso neste momento... juntamente com todos nós.

Agora amplie a percepção para incluir a presença do Espírito Santo e do Criador de toda esta vida terrena. Enquanto se abre para uma nova experiência, diga a si mesmo: "Deus está soprando em mim".

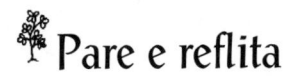

Pare e reflita

16

Entrar no reino

Meditação 2: "Renuncio ao passado e ao futuro, e acolho este momento eterno".

Você está prestes a iniciar uma percepção elementar e contínua de sua experiência com a respiração. Também está pronto para aprender seis frases especiais de meditação fundamentadas nas sugestões de meditação de Jesus, as quais orientarão sua atenção no rumo de experiências básicas. Agora que vai dedicar algumas semanas de prática para dominar esse processo especial de meditação, lembre-se de que o processo só funcionará se você se mantiver consciente de sua respiração.

> **Nesta meditação, sempre que perder a percepção dos movimentos respiratórios, por favor, volte à primeira etapa, passe para o processo de recuperar plena consciência da respiração e depois continue por meio das seis etapas seguintes.**

Já dissemos que o amor, as reflexões e a inspiração se manifestam em nosso coração e nossa mente apenas no momento presente. O passado histórico nada mais é que fragmentos de memórias e textos de nossos historiadores. O futuro não passa de uma sequência imaginária de acontecimentos possíveis. O momento presente é o único lugar onde, de fato, experimentamos alguma coisa. Este é o momento. Nesta segunda expansão, proponho-lhe uma frase de foco (ou de meditação) muito poderosa, que mudará instantânea e plenamente sua atenção para o eterno momento presente que se desenrola sem cessar: *"Renuncio ao passado e ao futuro, e acolho este momento eterno"*.

Quando diz calmamente (em pensamento) essas palavras a si mesmo, em algum plano elas manifestam instantaneamente a intenção que você expressou. Esse é o poder das frases de foco quando redigidas adequadamente para obter o máximo efeito. Observe que, quando você encontra uma frase de foco com vírgula ou travessão separando-a em duas partes, você deverá dizer a primeira parte durante uma expiração e permitir que as palavras ("Renuncio ao passado e ao futuro...") ecoem pelo seu ser enquanto você inspira. Deixe estar — isso é uma experiência! Depois disso, você está pronto para dizer, na expiração seguinte, a parte mais importante da frase: "e acolho este momento eterno".

Asseguro-lhe que escolhi essas frases com extremo cuidado. De fato, que mais podemos fazer a não ser acolher o eterno agora? De braços abertos, levamos o novo momento de criação de Deus a nossa razão e nosso coração — é assim que entramos no reino dos céus na Terra.

Acolher o novo

Permita-me aqui recorrer a uma metáfora corriqueira, mas essencial. Sua mão não consegue segurar um objeto e ao mesmo tempo tentar apanhar outro. Não se pode abrigar o passado e o futuro (perdido em pensamentos, memórias e imaginações) e, ao mesmo tempo, abrir-se e acolher o momento presente. A vida não é assim. Para que se possa receber o novo, é preciso haver renúncia ao antigo. É por isso que a frase de foco mencionada anteriormente é redigida exatamente assim: "Renuncio ao passado e ao futuro, e acolho este momento eterno".

Não se preocupe demais com o que significa "este momento eterno" como ideia. Estamos discutindo aqui puramente experiência: as sensações concretas do ar fluindo para dentro e para fora do nariz ou da boca;

os movimentos do seu peito e do seu abdome enquanto você respira; sua presença de corpo inteiro aqui e agora; os sons à sua volta; o que você vê, o que percebe pelo olfato, pelo paladar; e, enquanto se expande um pouco mais na realidade, as sensações e experiências, reflexões e decisões que lhe chegam diretamente do centro espiritual do seu ser.

A todo momento, você está constantemente renunciando ao passado para permanecer no momento presente. É tão fácil ter uma experiência e começar imediatamente a pensar nela e no que ela lhe traz à lembrança.

> Por força do hábito, estamos sempre abandonando o momento presente assim que começamos a pensar. Incentivo-o a começar a desenvolver a força mental interior e criar o hábito de renunciar regularmente aos pensamentos, de maneira que você possa continuar no momento presente.

Esta segunda etapa é tão essencial quanto a primeira para aprofundar-se cada vez mais em comunhão direta com Jesus e com Deus. É a declaração de intenções que abre o portal para o reino.

Ego, o rei

A esta altura, quero lhe oferecer o sistema de referência mais curto e mais simples para você se afeiçoar a este processo de meditação e se apropriar dele. Afinal, é o seu ego que funcionará como seu guia pragmático e o conduzirá passo a passo pelo processo de meditação toda vez que você o praticar. Ao contrário de muitos sistemas tradicionais de meditação, este novo método não se propõe de maneira alguma excluir nem silenciar o ego. Em vez disso, damos ao seu ego uma tarefa vital em meio à experiência de meditação. Afinal, é o seu ego que vai ter de se lembrar de realizar a meditação a cada novo dia, e lembrar-se de cada uma das sete frases de foco e pronunciá-las na ordem correta.

Uma vez entendido o valor evidente deste exercício mental fundamental, o ego não lutará contra o despertar espiritual mais profundo do indivíduo. Assim que a mente racional compreender que é do interesse de sobrevivência da pessoa viver mais no aqui e agora e ser guiada pela voz interior e diretriz espiritual, o ego se levantará como um defensor e a conduzirá sistematicamente por processo.

Na verdade, estou escrevendo grande parte deste livro falando francamente e de propósito com o seu ego, com o seu "eu" e sua personalidade, com o que é responsável pela sobrevivência, que determina aquilo a que você deve dar atenção a cada momento novo. A tarefa proposta não é difícil: tudo o que seu ego tem a fazer é memorizar as sete frases de foco que estou ensinando agora. É simples assim — e propositado.

Precisamos ultrapassar rapidamente palavras, estruturas e conceitos. Portanto, quanto menos palavras, melhor. Contudo, sem o auxílio dessa estrutura verbal de sete etapas, as pessoas tendem a ser sugadas de volta aos hábitos de pensamento normais e não chegam à meditação. É por isso que ofereço esse método como uma ponte básica de palavras para o ego e que leva à experiência espiritual autêntica. Seu ego domina sua atenção, portanto vamos dar a ele algo importante para fazer!

Eternidade

Aqui temos outro grande paradoxo. Em nossos pressupostos comuns relativos ao tempo, cada momento novo tem uma duração extremamente breve. Na realidade, não existe tempo algum para ser vivenciado no momento presente. Na sua experiência, você nota algum marcador entre um momento e outro? Onde termina este momento e onde começa o seguinte? O fluxo sequencial e linear do tempo, quando estudado cuidadosamente, demonstra ser nada mais que um conceito, uma criação conveniente da mente humana que nos capacita a refletir sobre o passado. Você vai começar a descobrir isso por si mesmo quanto mais meditar.

Segundo nos informam os cientistas cognitivistas (e os antigos mestres de meditação), temos dois modos mentais de experimentar o fluxo do tempo. No modo mais comum, vivemos na ilusão conveniente de que os segundos e minutos estão passando, um após outro. A mente racional funciona nesse paradigma de passado-presente-futuro, e assim impõe essa moldura em nossa experiência do momento presente.

> **O leitor, porém, sabe por experiência que muitas vezes perdemos o ritmo dessa marcha organizada de segundos e minutos e passamos a um estado mental curiosíssimo e agradável, em que o tempo desaparece e ficamos totalmente absortos no que parece ser um momento presente eterno, em que não percebemos de modo algum a passagem do tempo.**

Esse é o estado mental criativo, do prazer, o estado mental meditativo. Quando você está totalmente imerso no momento presente, o tempo não existe. E é isso que se chama tempo eterno. Sua experiência é o centro do tempo e ele se propaga para além de você em todas as direções. Você se move junto com o fluxo do tempo eterno para onde não percebe absolutamente o movimento, porque você é parte dele.

Essa sensação de tempo eterno passa a existir quando você se diz: "Renuncio ao passado e ao futuro, e acolho este momento eterno". Essas palavras o dirigem à modalidade mental em que você está de fato vivendo na eternidade. Se deseja saber o que é o estado espiritual da mente, ei-lo aqui. Porque nesse estado mental eterno você está unido diretamente à totalidade da vida. Não está separado do infinito. Está aqui agora, no reino do céu que nunca tem fim.

A vida eterna não se encontra no futuro. Encontra-se no aqui e agora do momento presente. Tudo o que você tem de fazer para participar é lembrar-se de voltar a atenção para o momento eterno e dizer a si mesmo uma frase mágica de meditação tantas vezes que esse estado eterno de consciência passa a ser o seu novo estado de consciência habitual.

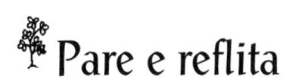

Expansão da meditação 2: "Renuncio ao passado e ao futuro, e acolho este momento eterno".

Para memorização imediata do seu ego e a expansão confortável do seu eu profundo, permita-me dispor de modo bem sucinto o fluxo básico da primeira e da segunda expansões da meditação. Depois continuarei fazendo acréscimos a esta fórmula de meditação à medida que trouxermos novas frases de foco ao processo, até que você tenha perante os olhos a meditação completa com as sete etapas. Talvez seja bom anotar essas sete frases algumas vezes para estimular a memorização mais fácil.

Fique à vontade, espreguice-se se desejar e boceje para relaxar um pouco mais. Volte toda a atenção para a sensação do ar fluindo para dentro e para fora de suas narinas. Expanda a consciência para incluir os movimentos do seu tórax e do seu abdome. Expire — segure — e deixe a inspiração seguinte fluir normalmente. Diga a si mesmo: "Deus está soprando em mim".

Amplie a consciência para incluir o corpo todo aqui neste momento presente, enquanto você se concentra em todos os sentidos — visão, audição, olfato, paladar e tato. Diga: "Renuncio ao passado e ao futuro, e acolho este momento eterno".

Agora, respire com essa experiência sempre nova do aqui e agora e, se desejar, volte e repita para si essas duas frases de meditação novamente, e permita que as palavras o levem mais profundamente.

Pare e reflita

17

Submeter-se ao bem maior

Meditação 3: "Submeto minha vontade ao bem maior".

Uma das duas primeiras etapas do processo da Nova Meditação trata do ego tomar medidas para mudar a atenção para a experiência direta no momento presente. Chegamos agora à terceira etapa, em que o ego afirma diretamente sua intenção de abandonar, pelo menos temporariamente, as manipulações habituais, bem como maquinações e ideações centradas em si mesmo, em favor de algo maior.

> **Essa terceira expansão é potencialmente gigantesca; toda vez que você pronunciar essas palavras e cumprir esta etapa, estará acelerando sua capacidade mental de deslocar a atenção para participar do "bem maior".**

Assim como anteriormente, você vai dizer essa frase de meditação com uma voz interior tranquila, que será sentida nas suas cordas vocais, na língua e nos lábios como um leve movimento, e será ouvida só por você, sem que o fluxo de ar lhe saia da boca. Você vai sentir o fluxo de ar saindo das narinas e os movimentos dos músculos de vocalização enquanto diz as palavras para si mesmo, sem som audível. Desse modo, você se "ouve" e se sente falando, experimenta o poder das palavras, mas o que disse é só para a audição interior, não para comunicação exterior.

O poder da submissão

Em duas páginas, examinaremos o conceito de sua vontade individual e de bem maior, mas primeiro vamos ver como as palavras dessa expansão o influenciam espontaneamente. Siga em frente e diga algumas vezes as frases de foco a seguir. Não se ponha a pensar. Permaneça com as sensações que emergem do seu coração e do seu corpo; sinta o impacto direto das palavras em você.

Momento de reflexão

Concentre-se na respiração e, na próxima expiração, diga: "Submeto minha vontade ao bem maior".

Inspire calmamente... e diga outra vez:

"Submeto minha vontade ao bem maior".

E mais uma vez inspire e em seguida diga:

"Submeto minha vontade ao bem maior".

Descanse um pouquinho agora, largue o livro; feche os olhos, se quiser. Diga a frase de foco mais uma ou duas vezes e, mantendo a consciência da respiração, observe a experiência enquanto observa o poder e a majestade do seu ego rendendo-se ao seu eu superior.

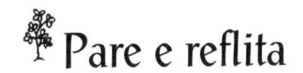

Pare e reflita

Consciência transpessoal

O que é a vontade superior, o bem maior? Mais uma vez, escolhi as palavras com muito cuidado, após anos de pesquisa e experimentação com frases de foco. "O bem maior" é uma expressão perfeita porque não reflete nenhuma teologia específica nem sistema de fé; apenas dirige nossa atenção para a realidade espiritual universal que todos nós já experienciamos de uma maneira ou de outra no coração e na alma.

Vivemos a maior parte do tempo experienciando a vida do interior de nossa consciência pessoal, de nossa bolha de ego individual, muitas vezes bem interesseiro e contraído. Mas também somos capazes de expandir essa bolha de consciência para além da balbúrdia de nosso ego e nos render a um nível de consciência mais elevado, mais sábio e mesmo espiritualmente transpessoal.

Essa realidade expandida que se encontra além de todos os nossos esforços e conceitos apreende o todo — na verdade ela *é* o todo, é a consciência do Criador. Sua vontade reflete sem dúvida o bem maior. Jesus declarou para si e igualmente para todos nós a sábia atitude: "Não a minha vontade, mas a Tua". Mesmo com a proximidade da morte, o homem Jesus falou com Deus em termos claros e submeteu a vontade do seu ego (que quer permanecer vivo) à vontade de sua sabedoria transpessoal e orientação espiritual.

Minha experiência me diz que só quando meu ego se rende conscientemente ao bem maior é que me desdobro para a experiência espiritual. Só conhecemos Deus por meio da submissão. Existe uma vontade maior e mais elevada. Temos de escolher qual delas desejamos permitir que dirija nossa vida. Não podemos acolher a orientação espiritual e ao mesmo tempo lidar com diretrizes do ego. Essa é a natureza dessa terceira expansão e terceira escolha. Na primeira expansão, decidimos voltar a atenção para a experiência da respiração. Na segunda, voltamos a atenção para o momento presente. Nesta terceira expansão, decidimos nos concentrar na participação no bem maior, ao mesmo tempo que renunciamos ao domínio do ego e nos submetemos à orientação mais elevada.

Será isso o que você deseja fazer? É provável que seu ego, sua personalidade, não queira submeter-se a uma orientação mais elevada. Não vou insistir que faça isso; sugiro apenas que você se exercite com a sensação e a experiência que resultam quando você pronuncia a frase de foco e veja o que acontece. De novo, a eficiência e a mudança só ocorrerão quando você cumprir esse processo várias vezes. Por ora, entretenha-se com isso, seja um explorador da consciência. Observe o resultado da experiência.

Expansão da meditação 3: "Submeto minha vontade ao bem maior".

Mais uma vez, aqui está o fluir da meditação, desta vez por meio de três expansões.

Fique à vontade, espreguice-se por um momento, se desejar, e boceje para descontrair-se um pouco mais.

Volte toda a atenção para o ar fluindo para dentro e para fora do seu nariz.

Expanda a consciência para incluir os movimentos do peito e do abdome.

Expire, segure e deixe a próxima inspiração acontecer sem esforço.

Diga-se: "Deus está soprando em mim".

Expanda a percepção de maneira que inclua todo o corpo aqui neste momento presente, enquanto se concentra em todos os seus sentidos — visão, audição, olfato, paladar e tato.

Diga: "Renuncio ao passado e ao futuro, e acolho este momento eterno".

Respire em consonância com essa experiência expandida e sempre nova do aqui e agora... e diga-se: "Submeto minha vontade ao bem maior".

Deixe a consciência expandir-se enquanto sente no coração a fusão de sua vontade pessoal com a vontade mais elevada... o bem maior!

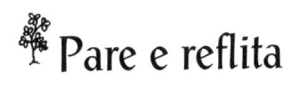

Pare e reflita

18

Abrir o coração

Meditação 4: "Abro meu coração para receber o amor de Deus".

Somente agora, nesta quarta etapa, depois de atravessar as três primeiras expansões, é que o ego está preparado para renunciar ao seu domínio e deixar que o coração se abra e sinta o influxo do amor de Deus. Espero que você perceba a natureza essencial progressiva desta meditação. Grande parte do processo se fundamenta em análise psicológica pragmática de como a mente e o ego funcionam, e de como o ego pode decidir, no ambiente adequado, renunciar ao controle em favor de uma orientação mais elevada.

> **Só depois de passar pelas três primeiras expansões e respeitar a sabedoria das escolhas do ego é que se pode alcançar o ponto em que ele está preparado para decidir renunciar ao seu domínio e ingressar num nível mais elevado de funcionamento mental e espiritual.**

Tenho escrito com frequência sobre a necessidade de controlar a mente e a consciência. Nas três primeiras expansões deste processo de meditação estamos controlando a função egoica da mente com o intuito de transcender o domínio do ego. Esse é o grande obstáculo em todos os tipos de meditação. Este processo fundamental, por meio do qual o estou guiando, realiza esse objetivo primário de maneira previsível, agradável, e bem-sucedida.

Agora, na quarta expansão, estamos preparados para ir buscar o que procuramos: declarar o que realmente desejamos que aconteça em nossa meditação. Neste tema geral de sermos receptivos para sentir Deus diretamente, pesquisei muitas frases de foco e descobri que é essencial formular exatamente aquilo que se deseja. Abrir-se para receber o amor de Deus é principalmente uma experiência do coração. Portanto, para que o coração se abra, é necessário que o estimulemos diretamente. Se não dissermos a nós mesmos franca e regularmente: "Abro meu coração", é provável que ele permaneça fechado a maior parte do tempo. É a realidade que defrontamos.

É do feitio de nosso ego manter o coração fechado em atitude de proteção para que não sejamos magoados ou engolfados por forças exteriores. Agora chegou a hora de ter fé e acreditar, abrir-se em confiança e declarar nossa intenção de vivenciar o influxo do amor de Deus em nosso coração.

"Abro meu coração para receber o amor de Deus." Agora estamos concentrando a atenção não num conceito ou ideia (Deus), mas num poder e numa experiência (o amor de Deus). Um dos pontos principais dos ensinamentos de Jesus é que ele concentra nossa atenção repetidas vezes no amor, na experiência, no fluir, no poder e na glória do amor de Deus. Nossa mente sempre tentará fixar-se na palavra "Deus" e em "pensar em Deus"; a palavra é um poderoso e arraigado recurso de evocar pensamentos teológicos. Mas quando nos concentramos não em Deus, mas na expressão da presença de Deus por meio de seu infinito e incondicional poder do amor, concentramo-nos diretamente na *sensação da presença de Deus* em nosso coração.

Tudo o que você tem de fazer é pronunciar a frase de foco que sua mente voltará a atenção diretamente para a realidade que surge agora mesmo em seu coração, enquanto você decide experimentar o influxo do amor de Deus em sua vida. É uma ação audaciosa, emocionante e magnífica que você pratica toda vez que faz esta meditação. Siga em frente, então, e observe a sensação que se produz em sua garganta, nos pulmões, na língua e no coração quando você pronuncia as palavras a seguir.

Momento de reflexão

"Abro meu coração para receber o amor de Deus."

Inspire calmamente e repita:

"Abro meu coração para receber o amor de Deus".

E mais uma vez... inspire e depois repita:

"Abro meu coração para receber o amor de Deus".

Pare um pouquinho agora, largue o livro, feche os olhos, se desejar, pronuncie a frase de foco mais uma ou duas vezes... e, enquanto permanece consciente da respiração, observe que experiência você vive enquanto explora a nova sensação sempre nova do amor de Deus afluindo ao seu coração...

Pare e reflita

Amor — a experiência

A esta altura da meditação, muitas pessoas costumam perder a noção da própria respiração. E cometem o deslize de permitir que o pensamento tome conta. Principalmente se nesse momento o coração receber uma experiência intensa de abertura para o divino, sua mente poderá instantaneamente querer submeter a experiência a análise. Infelizmente, assim que começa a refletir sobre uma experiência que acaba de ter, você a perde! Esse é o aspecto negativo da mente racional. Perdemos a experiência quando começamos a refletir sobre ela.

Não estou dizendo que a reflexão é prejudicial, claro que não. Mas, no que diz respeito à expansão potencial total do processo de meditação como um todo que estamos aprendendo aqui, você deve dominar essa arte sutil de permanecer concentrado na respiração — é o seu lastro de experiência. É o que mantém seus pensamentos temporariamente aquietados para que a experiência continue.

Mesmo agora neste momento, observe se você ainda está consciente de sua respiração enquanto continua lendo. Se não está mais, volte suavemente a atenção para a respiração e a experiência do momento presente pronunciando novamente o mantra secular:

"Sinto o ar fluindo para dentro e para fora do meu nariz."
"Sinto também os movimentos do meu peito e abdome enquanto respiro."
"Estou consciente do meu corpo todo, aqui neste momento presente."

Só voltando repetidamente a essas três afirmações e dirigindo a consciência para o momento presente é que se coloca a atenção onde é possível sentir o amor de Deus afluindo ao coração. De outro modo, fica-se praticamente impedido de prosseguir, pois, em vez de sentir o amor de Deus, só se consegue pensar nele.

O que julgo mais extraordinário, e também muito trágico num certo sentido, é que Deus não se intromete em nossa vida. Temos a possibilidade de fechar o coração ao amor de Deus. Nossa cultura em geral nos condiciona a manter essa atitude de coração fechado por causa do medo. Mesmo depois de dois mil anos, ainda não entendemos inteiramente o significado dos ensinamentos de Jesus. A compreensão desse fato é um dos motivos por que rompi com a tradição cristã oficial — que não conseguiu realizar o trabalho. De alguma maneira, temos de unir psicologia (como a mente funciona) e espiritualidade (como nos abrimos ao amor de Deus), a fim de que o condicionamento psicológico que todos recebemos não se coloque mais entre o amor de Deus e nós. Espero sinceramente que este livro tenha o poder de ajudá-lo a dar esse salto. Esta quarta expansão é a demonstração dessa receita.

Sempre avante

É comum chegar a esta quarta expansão e não sentir absolutamente nada no coração. Isso provavelmente lhe acontecerá algumas vezes. Acontece comigo de vez em quando. O que você pode fazer quando diz "abro meu coração para receber o amor de Deus" e parece que não está recebendo nada? É um ponto crítico em sua vida meditativa. Se você se julgar imediatamente, ou julgar o processo ineficiente ou um fracasso, vai sofrer um sério revés.

> A esta altura, não se preocupe se não sentir nada no coração. Pronuncie a frase: "Abro meu coração para receber o amor de Deus", respire em consonância com qualquer experiência (ou ausência dela) que se apresentar a você e, em seguida, passe para a expansão seguinte, a quinta, sem deixar de lado a consciência dos movimentos respiratórios e a sequência passo a passo da meditação.

Confie em mim. Essa meditação de sete etapas possui uma dinâmica que, apesar de não ser visível, está em funcionamento. Tenho um plano de jogo mais profundo aqui para garantir que esta técnica de meditação seja bem-sucedida por muito tempo em sua vida. É minha responsabilidade, e assumi essa responsabilidade decididamente com toda a seriedade através dos anos em que criei este processo.Virá ainda mais — e você está fazendo progresso. Mesmo que tenha uma experiência profunda ao abrir o coração para o amor de Deus, por favor continue com a meditação. As três últimas expansões acolherão a experiência que você já teve até agora e a ampliarão mais ainda.

Por enquanto, vamos recapitular as quatro primeiras expansões num formato que você pode começar a memorizar diariamente.

Expansão da meditação 4: "Abro meu coração para receber o amor de Deus".

Aqui está o fluir da meditação por meio das quatro primeiras expansões. Verifique quanto deste roteiro você já sabe de cor e quanto ainda lhe falta memorizar.

Fique à vontade, espreguice-se por um momento se desejar e boceje para relaxar ainda mais.

Volte toda a atenção para o ar que flui para dentro e para fora de suas narinas.

Expanda a consciência para incluir todos os movimentos do tórax e do abdome.

Expire, segure e em seguida deixe que a inspiração seguinte flua sem esforço.

Repita para si mesmo: "Deus está soprando em mim".

Expanda a consciência para incluir seu corpo todo aqui neste momento presente, enquanto se concentra em todos os seus sentidos — visão, audição, olfato, paladar e tato.

Diga: "Renuncio ao passado e ao futuro, e acolho este momento eterno".

Respire de acordo com essa experiência ampliada e sempre nova do aqui e agora... e diga-se: "Submeto minha vontade ao bem maior".

Agora dirija o foco de sua atenção para os sentimentos do seu coração, bem no meio de sua experiência de respiração, e diga-se: "Abro meu coração para receber o amor de Deus".

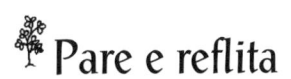

Pare e reflita

19

Ouvir o Espírito

Meditação 5: "Estou quieto... e ouvindo".

Nas primeiras quatro expansões, você: (1) conscientizou-se da respiração e da presença de todo o seu corpo no eterno agora; (2) renunciou ao passado e ao futuro permitindo que sua consciência se deixasse mergulhar no momento presente, em que o Espírito habita a vida humana; (3) submeteu a autoridade do seu ego pessoal à direção espiritual da orientação de Deus em sua vida; e (4) conscientemente abriu o coração para receber o influxo do amor de Deus.

Essas primeiras quatro etapas ajudam a libertá-lo temporariamente de todos os véus psicológicos e culturais costumeiros, de modo que você agora está além de pensamentos e crenças, e preparado para absorver-se plenamente com todas as reflexões espirituais e a capacitação que este novo momento tem para lhe oferecer.

> Agora é o momento de dar o salto final e mudar completamente para o "modo receptor" enquanto diz para si mesmo: "Estou quieto... e ouvindo".

Depois de praticar e dominar este processo meditativo, o impacto dessas quatro palavras aparentemente simples pode ser imediato e imenso. A melhor maneira é dizê-las para si mesmo em duas respirações. Diga: "Estou quieto" e experimente esse estado profundo no movimento de inspiração seguinte. Depois diga: "e ouvindo" de modo que todo o seu ser se torne receptivo.

Absolutamente fundamental a esta altura é permanecer consciente de que sua respiração é seu lastro. É seu principal vínculo com o momento presente. O Espírito vem nas asas de sua respiração. E é sempre bem em meio à experiência com a respiração que a voz de Deus é ouvida.

Além disso, conforme você já aprendeu, quando está consciente de sua respiração, também está consciente dos sentimentos do seu coração, descobertos durante seu ato respiratório. É impossível separar o coração da respiração — os dois formam uma experiência unificada. Na quarta expansão, você se concentrou profundamente no coração enquanto o amor fluía. Agora, na quinta expansão, você permanece nesse foco coração-respiração e expande-se numa natureza mais profunda de escuta interior, de harmonização mais refinada com toda e qualquer nova reflexão, revelação, sensação ou mudança sutil de consciência que o Espírito possa trazer-lhe.

Em geral você chegará à quinta expansão e ficará num estado de paz interior, até mesmo de felicidade. Grande parte do processo de cura emocional que ocorre nesta quinta expansão acontece sem que você sequer perceba os detalhes — você simplesmente sente o poder do toque de Deus curando, trazendo a calma onde havia perturbação, o amor onde havia ira, alegria onde havia tristeza.

Nesta quinta expansão, você se submete não apenas à vontade de Deus em sua vida mas também à graça terapêutica de Deus. E como acontece com todas as experiências meditativas profundas, você não "faz" nada, simplesmente repousa no amor de Deus e confia que a sabedoria e o infinito conhecimento de Deus ajam em seu coração para curar, inspirar, revelar, ou seja o que for.

Sua voz interior

Para além do poder curativo desta meditação, existe o aspecto do lampejo intuitivo, você pode se utilizar sem esforço de sua própria sabedoria eterna, que brota de um manancial além do ego, mas que chega à consciência cotidiana por meio de um sentido verbal de conhecimento e percepção. É muito frequente as pessoas orarem falando constantemente com Deus, como já observei antes. Nesta quinta etapa, você diz palavras ("Estou quieto... ouvindo") que mudam de imediato sua mente para o "modo receptor", de maneira que você pode de fato ter orientação e entendimento do divino.

> **Quando você está sereno, ouvindo, sem nenhuma atividade cognitiva obstruindo suas ondas de rádio interiores, às vezes, de repente, ouvirá uma voz interior que lhe dá resposta a perguntas e dificuldades que você lutou para solucionar antes, mas sem êxito.**

Algumas pessoas ouvem uma voz que lhes fala na mente. Outras dizem que Deus lhes fala diretamente. Para outras ainda, surgem vislumbres repentinos na mente, vindos de lugar algum, ou entendimentos, invenções, ou outras percepções valiosas se manifestam de súbito em sua mente. Primeiro ocorre o lampejo intuitivo; depois tentamos dar uma explicação lógica ao acontecimento. É claro que cada um tem suas hipóteses em relação à origem do lampejo intuitivo.

O que importa não é intelectualizar a origem do súbito lampejo de entendimento durante a meditação. Importa aquietar regularmente a mente dizendo: "Estou quieto... e ouvindo" e, de fato, fazer exatamente isso: respirar serenamente enquanto medita, com a mente em paz e em estado receptivo ao que quer que se apresente, não importa como. Alguns experienciam visões, outros veem equações matemáticas, outros ainda ouvem anjos cantar. Não importa o que você experimente, é ótimo. Mas não fique confuso com explicações de como isso acontece. Siga em frente regularmente com a meditação e abra-se outra vez!

Lampejo intuitivo, psicose ou visão

A maioria de nós quando criança tinha visões e experiências interiores tumultuosas de vários tipos. Desde o nascimento até 4 ou 5 anos de idade, mais ou menos, nosso mundo interior parece desenfreado, cheio de experiências espantosas. Quando chegamos aos 5 ou 6 anos, percebemos que as pessoas podem nos considerar malucos se souberem das coisas insensatas que estamos vivenciando na mente. Por medo de ser tratados como doidos, começamos a desprezar, expulsar, esquecer e a nos livrar de todas as experiências que não se adaptam à norma de "sanidade mental".

Enquanto medita e aquieta sua mente, poderá achar que os antigos temores se manifestam novamente, aqueles que lhe dizem que é loucura aquietar a mente e ouvir, que você talvez volte a ter todas aquelas velhas experiências malucas que aprendeu a excluir da consciência para adaptar-se à sociedade e não ser rejeitado. Por que deixar que esse negócio de meditação ponha tudo em risco de novo?

> Nunca conheci ninguém que tivesse ficado maluco por meditar. Conheci muita gente que se tornou mais lúcida meditando e superou tendências neuróticas e mesmo psicóticas. Meditar é abrir-se e observar o que de fato é a realidade. É a melhor definição de um indivíduo mentalmente são que conheço: alguém que aceita plenamente a realidade.

Logo, não é preciso ter medo de ficar maluco quando liberta a mente. Amor incondicional e despertar espiritual não o deixam maluco — promovem a cura emocional e mental. Sim, na meditação às vezes você escutará e ficará receptivo, e perceberá coisas surpreendentes. Seu papel é respirar em consonância com essas experiências; não se prenda a elas. Observe e veja-as se afastarem. Lembre-se, sua respiração é seu lastro. Enquanto estiver consciente de sua respiração e do seu coração, estará abrindo-se para experiências que o alimentam.

E os lampejos intuitivos? De onde eles vêm? De além de nossa mente física ou da parte criativa e intuitiva do nosso cérebro? Mais uma vez, trata-se de uma questão que a ciência talvez responda nos próximos cinquenta anos mais ou menos. O problema fundamental é saber se a ciência experimental poderá provar algum dia que existe consciência e inteligência para além do cérebro. As conclusões notáveis do programa Princeton Engineering Anomalies Research indicam a existência de prova concreta de que a mente humana tem o poder de estender-se para além do corpo e influenciar o mundo físico. Ao que parece, os lampejos intuitivos podem chegar a nós provenientes de uma fonte transpessoal. E, conforme descobrirá na meditação, o termo "transpessoal" nos leva, em última análise, a deus e à sabedoria e lampejos infinitos.

> Quando estou meditando e ouvindo, com a mente quieta, sinto que o melhor é tão somente ser grato por tudo o que recebemos. Em geral, o que vem a nós é uma profunda sensação de paz e contentamento sem nenhuma demonstração ofuscante de percepção nem compreensão interiores.

O objetivo da meditação não é necessariamente alcançar um resultado nem fazer que algo impressionante aconteça. O objetivo é apenas aquietar-se, concentrar-se na experiência do momento presente e deixar que essa experiência se expanda enquanto a consciência também se expande. O que de fato acontece... bem, isso é sempre novidade.

A esta altura, acho que não vou dizer mais nada. Estamos nos aprofundando cada vez mais na propriedade interior da consciência em que todas as palavras se dissolvem, e a voz de Deus é ouvida frequentemente, ou onde experimentamos o toque do Espírito ou a orientação da presença de Jesus. Em meio a esta quinta expansão, você descobrirá naturalmente que a sexta expansão entra em cena.

Vamos, portanto, rever rapidamente as cinco etapas desta nova meditação, a Espiral de Jesus, que você aprendeu ou está memorizando.

Expansão da meditação 5: "Estou quieto... e ouvindo".

Fique à vontade, espreguice-se por um momento se desejar e boceje para relaxar ainda mais. Volte toda a atenção para o ar que flui para dentro e para fora do seu nariz.

Expanda a consciência para incluir os movimentos do peito e do abdome... Expire, segure e deixe em seguida que a próxima inspiração flua sem esforço.

1) Diga-se: "Deus está soprando em mim".

Expanda a consciência para incluir o corpo todo aqui neste momento presente, enquanto se concentra em todos os seus sentidos — visão, audição, olfato, paladar e tato...

2) Diga: "Renuncio ao passado e ao futuro, e acolho este momento eterno".

Respire em consonância com esta experiência ampliada e sempre nova do aqui e agora...

3) Diga: "Submeto minha vontade ao bem maior".

E agora volte o foco de atenção para as sensações do seu coração, bem no meio de sua experiência de respiração.

4) Diga: "Abro meu coração para receber o amor de Deus".

Enquanto se mantém consciente da respiração e do seu coração, amplie outra etapa, dizendo:

5) "Estou quieto... e ouvindo".

Pare e reflita

20

Colocar-se em comunhão com Jesus

Meditação 6: "Sinto a presença de Jesus em meu coração".

"Comunhão" é uma palavra que a igreja cristã tradicional emprega com sentido bem diferente do que eu lhe dou. Durante muito tempo não empreguei essa palavra devido às conotações do passado.

> Ultimamente, porém, cada vez mais, a palavra "comunhão" surge em minhas meditações, porque, mais do que qualquer outra, ela expressa da melhor maneira possível o nível de intimidade pessoal e de unicidade com a presença viva de Jesus, da qual podemos partilhar em nossas experiências com a meditação.

Na cerimônia tradicional da comunhão, os sacerdotes nos dirigiam por meio de um ritual de sacrifício altamente simbólico, cujas origens remontam a diversas tradições religiosas antigas. O tema fundamental era que Deus está sacrificando seu único filho humano, a fim de aplacar — a si próprio, creio. Nesse ato de sacrifício humano, simbolicamente, todos os nossos pecados e a natureza perversa são eliminados — mais uma vez.

Como já mencionei anteriormente, a experiência da comunhão cristã era, para mim, mesmo ainda criança, muito depressiva e repulsiva. Ali estava um ministro me dizendo que Deus tinha de sacrificar seu próprio filho por meio de uma crucificação violentíssima e sanguinária pela razão específica de ser eu um pecador incorrigível. Não apenas eu era culpado da morte de Jesus, mas todo domingo eu era também forçado a imaginar que estava comendo a carne de Jesus e bebendo seu sangue a fim de receber o perdão de Deus Pai. Puxa!

Em meu humilde entendimento, o Espírito me afastava desse enfoque da comunhão ritual-sacrifício com Jesus. Percebia cada vez mais que, quando eu me aquietava orando na igreja e me abria para receber respostas relativamente à minha repulsa pela cerimônia de sangue e sacrifício, de repente eu sentia Jesus em meu coração — sem ter de participar do ritual tradicional de comunhão.

Menino bem-comportado que eu era, continuei praticando o ritual na igreja durante alguns anos. Mas, quando cheguei ao seminário, descobri que um bom número de alunos pensava da mesma maneira. Começamos a abandonar as formalidades exteriores da cerimônia de comunhão e a nos organizar em meditação em grupo, abrindo o coração para vivenciar a comunhão com Jesus sem símbolos nem aspectos de sacrifício.

Quero compartilhar este processo com você agora que estamos passando para a sexta etapa e dizer palavras que estimulam especificamente uma sensação mais profunda e sincera de comunhão com Jesus — para além de todas as teologias e crenças. Nesta sexta expansão, estamos preparados para abrir o coração e a mente conscientes e sentir a presença de Jesus imediatamente no centro do nosso ser.

Novamente, devo observar que é essencial manter consciência da respiração e do coração, porque, em meu entendimento, a presença de Jesus é vivenciada primeiramente como a sensação de uma presença espiritual, depois como um conhecimento interior — um despertar súbito que leva à plena comunhão, para além de todas as ideias e rituais. E é algo sempre novo; a experiência nunca é a mesma. Toda vez que entramos em meditação e abrimos o coração e a mente à presença de Jesus, encontramos o próximo desdobramento contíguo de nossa vida espiritual.

Conforme já observei, quando se comunga com Jesus, a experiência muitas vezes se expande e é possível (se o coração estiver aberto) encontrar uma característica espiritual feminina também presente em seu coração. Às vezes essa presença é vivenciada como Maria Madalena, outras vezes como Maria, mãe de Jesus, ainda outras vezes...

Sua experiência espiritual única é justamente isso — unicamente sua. Descobri que é melhor não começar a rotular a presença em hipótese alguma. Simplesmente viva o que estiver presente, enquanto encontra camadas cada vez mais profundas do seu próprio âmago espiritual, e aproxima-se da realidade infinita, a experiência total de Deus transcendendo todas as palavras.

Quando você chegar a esta sexta expansão, vai descobrir que às vezes dirá: "*Sinto a presença de Jesus em meu coração*". Outras vezes, por causa do silêncio da quinta expansão, você vai se ver dizendo: "*Sinto a presença de Maria em meu coração*". Frequentemente me vejo dizendo: "*Sinto a presença do Espírito em meu coração*". E às vezes, minha voz mais profunda, falando do recôndito do meu interior e vivenciando o que está acontecendo em meu coração, diz: "*Sinto a presença de Deus em meu coração*".

Nesta sexta expansão, estamos num estado de meditação profunda, e a voz que está pronunciando a frase de foco é sempre a sua própria voz profunda da sabedoria e do conhecimento. Há ocasiões em que atravesso a quinta expansão: "*Estou quieto ... e ouvindo*", e recebo todos os tipos de experiências — e quando chego à sexta expansão, a voz que está falando emudece, todas as palavras cessam. Na realidade, a sexta expansão só cabe a Deus. Muitas vezes, você dirá: "*Sinto a presença de Jesus no coração*". Afinal, esse é o fluir básico da meditação da espiral de Jesus. Mas só quero me certificar de que você se sente perfeitamente livre com a sexta frase de foco para expressar aquilo que *encontra* em seu coração!

A sexta expansão é de fato a expansão final deste processo. A sétima frase de foco propõe-se a começar a tirá-lo da meditação de maneira suave e integrativa e conduzi-lo a experiências que você teve numa estrutura que pode integrar em sua consciência e suas ações mais cotidianas assim que você começa a emergir da meditação propriamente e passa para a meditação em ação.

Esta sexta expansão é, em última análise, "o ponto crucial", porquanto é a expansão que o leva o caminho todo... e você pode permanecer nela, onde quer que ela o leve, durante o tempo que desejar.

Aqui está o fluir inteiro da meditação, para que você possa continuar memorizando.

Expansão da meditação 6: "Sinto a presença de Jesus em meu coração"

Fique à vontade... e volte toda a atenção para o ar que flui para dentro e para fora do seu nariz... Expanda a consciência para incluir os movimentos do tórax e do abdome... Expire, segure e depois deixe que a inspiração seguinte flua sem esforço...

1) Diga-se: "Deus está soprando em mim".

Expanda a consciência para incluir seu corpo todo aqui neste momento presente, enquanto se concentra em todos os seus sentidos — visão, audição, olfato, paladar e tato...

2) Diga: "Renuncio ao passado e ao futuro, e acolho este momento eterno".

Respire em consonância com essa experiência ampliada e sempre nova do aqui e agora...

3) Diga: "Submeto minha vontade ao bem maior".

Agora volte seu foco de atenção para as sensações do seu coração, bem no meio de sua experiência de respiração, e diga a si mesmo:

4) "Abro meu coração para receber o amor de Deus".

Enquanto se mantém consciente da respiração e do coração, diga:

5) "Estou quieto... e ouvindo".

E, quando estiver preparado, abra-se para uma nova experiência dizendo:

6) "Sinto a presença de Jesus em meu coração".

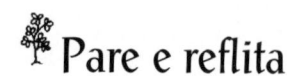

Pare e reflita

21

Servir a Deus — com prazer

Meditação 7: "Estou aqui para compartilhar amor, luz e momentos agradáveis".

Em determinado momento, sua viagem meditativa interior começa a chegar ao fim e sua atenção principia a voltar-se para o mundo exterior novamente. Quando esse instante chegar, é importante decidir conscientemente trazer os resultados de sua experiência de meditação profunda e agregá-los à sua vida diária. Esta sétima etapa da meditação inclui focalizar-se na respiração e nas sensações profundas do seu coração, enquanto os olhos se abrem e você volta às atividades habituais.

> Se você já leu outros livros de minha autoria, saberá que encaro a meditação não como algo que se faz uma ou duas vezes por dia, mas como um estado de consciência expandida em que se aprende a permanecer, cada vez por mais tempo. Se meditação significa permanecer propositadamente consciente, você pode praticá-la em qualquer hora e em qualquer lugar.

Em meu texto sobre meditação de acordo com tradições várias, *Seven Masters, One Path,* e em meu livro de controle a ser lançado, *Take Charge of Your Mind,* ensino como até no trabalho você pode decidir ficar consciente da respiração e do seu coração, e introduzir características espirituais na pressão que o local de trabalho exerce. A meditação em ação é tão importante quanto a meditação na paz e na quietude.

Assim, depois de cada sessão de meditação, quando começar a deslocar-se da contemplação e comunhão interior para a retomada do mundo exterior, você deve aprender a trazer os lampejos intuitivos, a paz, o amor e a sabedoria que presenciou na meditação propriamente dita. Para conseguir isso, tudo o que precisa fazer é pronunciar, em primeiro lugar, uma frase de foco que reflita o que em sua meditação você deseja trazer para o mundo: *"Estou aqui para compartilhar amor, luz e momentos agradáveis"*. Em seguida, quando abrir os olhos e começar a ocupar-se, continue consciente da sua respiração e das sensações do seu coração, enquanto permite que o Espírito aja através de você em tudo o que faz.

Veículo sagrado

Quanto mais me desenvolvo em meu entendimento da vida espiritual neste planeta, tanto mais vivencio a verdade de que somos os olhos e ouvidos físicos de Deus e de que nosso objetivo mais recôndito é permitir que o Espírito aja por meio de nós em absolutamente tudo o que fazemos.

> **Quando contemplamos a harmoniosa criação de Deus, ele a vive por meio de nós. Quando fazemos amor físico, Deus vivencia, de dentro para fora, duas de suas criaturas em profunda confraternização sexual. Seja o que for que estejamos vivendo no momento presente, Deus o está vivenciando por meio de nós.**

É isso que significa ser espiritual: a cada novo momento preferir ser um veículo consciente por intermédio do qual os aspectos mais elevados da realidade possam participar da vida física e expressar o amor e a sabedoria do Criador.

O que acha dessa ideia de que Deus (mediante convite) virá e habitará em seu interior e será um com você em tudo o que faz? Você está interessado em entregar de fato a sua sensação de supremacia do ego a fim de participar de algo bem maior, a consciência transpessoal do universo? Não é minha intenção fazer prevalecer meu entendimento aqui. Mais precisamente, quero apenas suscitar essas possibilidades para que você as considere e explore o potencial delas em sua vida. *Ideias* sobre a vida espiritual conseguem apenas levar-nos até certo ponto. O que você vai *vivenciar* na espiral de Jesus é a experiência da verdade do significado de tudo isso.

Cada vez que sair da meditação formal, estará levando a essência do seu encontro com Deus e compartilhando-a. Quando começar a emergir da meditação, e disser para si mesmo como expansão final: "*Estou aqui para compartilhar amor, luz e momentos agradáveis*", estará declarando sua intenção de trazer o que conseguiu.

Em vez de deixar suas dádivas espirituais e as percepções na sala de meditação, você está declarando que seu objetivo é partilhar esses presentes de amor e de reflexão e a maravilhosa sensação do seu coração que resultam de um encontro com o divino.

Meditação em ação

Imagine que você está trabalhando ou saiu para um encontro, ou está ocupado com seus filhos, ou praticando algum esporte, ou mesmo realizando algum trabalho físico. Que acontecerá se bem no meio do que quer que esteja fazendo, você se lembrar de dizer: "*Deus está soprando em mim*" e se concentrar naquele processo de despertar que está aprendendo neste livro para voltar sua atenção totalmente para o momento presente e despertar a sensação de ter Deus no coração? Quanto sua vida mudará se você criar o hábito de pronunciar uma ou mais das sete frases de foco que aprendeu aqui e despertar para seu poder espiritual e a presença aonde quer que você vá?

Incentivo-o a experimentar. Às vezes, você pode fazer uma pausa inesperada para praticar algumas respirações e dizer-se: "*Sinto a pre-*

sença de Jesus em meu coração", ou talvez "*Submeto minha vontade ao bem maior*". Depois que aprender essas sete etapas de cor, seu coração sempre terá uma delas pronta para pôr na ponta de sua língua, se parar de vez em quando (quanto mais vezes melhor) e permitir que sua atenção inclua esse aspecto de sua vida espiritual bem no meio de outras atividades de sua vida.

Principalmente se se descobrir enredado em preocupações o tempo todo ou se estiver emitindo julgamentos demais, como particularizei no livro *Quiet Your Mind*, você pode preferir transferir-se de pensamentos e sentimentos depressivos para um estado radiante; pode fazer isso empregando qualquer frase de foco que lhe venha à mente e mantendo esse foco brilhante na mente e no coração enquanto seu dia passa.

> Em vez de deixar que seus pensamentos o controlem, você pode fazer exatamente o contrário e optar por pensamentos que convidem o afluxo do Espírito! A escolha, como temos visto neste livro, é sempre sua: permanecer contraído na mente e fechado no coração ou expansivo na mente e aberto no coração.

As frases de foco e esta meditação inteira estão aqui para ajudá-lo a realizar a escolha fundamental entre as trevas e a luz. Como é que vai agir a cada momento novo? Vai resvalar ladeira abaixo e voltar aos antigos pensamentos e sentimentos baseados em juízo e temores — ou vai se lembrar de que tem o poder de trazer à lembrança uma dessas frases de foco e, dizendo a si mesmo a frase, despertar um estado mental espiritual radiante e mais amoroso?

Voltar

Em determinado momento da meditação, você se sentirá pronto para voltar a suas atividades cotidianas. É aí que deverá finalizar dizendo: "*Estou aqui para compartilhar amor, luz e momentos agradáveis*". Talvez possa sugerir variações sobre esse tema geral de declarar a verdadeira razão de sua estada aqui na Terra. Às vezes, por exemplo, eu digo: "*Estou aqui para servir, prosperar e para me divertir*", ou alguma frase com esse sentido. O importante, ao voltar às atividades regulares, é esclarecer, bem lá no fundo, o estado da mente e do coração com que voltou.

Acho importantíssimo reter a decisão de estar pleno do Espírito em tudo o que faço, compreendendo que cada nova inspiração é uma oportunidade de reabastecer-me de vida, amor e poder espiritual.

Inspirar não é apenas um ato físico. Reflete nossa decisão de inspirar e levar para dentro de nosso ser todos os aspectos da vida, o espiritual inclusive. Cada nova respiração é um influxo que pode trazer a presença de Deus — se é isso que conscientemente escolhemos. Sim, é preciso um pouco de disciplina para nos lembrarmos de pronunciar as frases de foco e dirigir nossa atenção para a experiência espiritual. Mas, como descobrirá por si mesmo, um pouco de disciplina não é um dever negativo, é uma oportunidade positiva. A inércia muitas vezes se apossa da nossa alma. Devemos agir e agir outra vez, e sempre que necessário, para despertar novamente a consciência espiritual.

Assim, enquanto continua memorizando este processo básico de meditação (dê-se algumas semanas de prática diária para adquirir competência e aprender de cor), aqui vai novamente o processo completo.

Expansão da meditação 7: "Estou aqui para compartilhar amor, luz e momentos agradáveis."

Fique à vontade... e volte toda a atenção para o ar que flui para dentro e para fora do seu nariz... Expanda a consciência para incluir os movimentos do seu peito e abdome... Expire, segure e depois deixe que sua inspiração seguinte aflua sem esforço...

1) Diga-se: "Deus está soprando em mim".

Expanda a consciência para incluir o corpo todo aqui neste momento presente, ao mesmo tempo que se concentra em todos os seus sentidos — visão, audição, olfato, paladar e tato...

2) Diga: "Renuncio ao passado e ao futuro, e acolho este momento eterno".

Respire de acordo com essa experiência ampliada e sempre nova do aqui e agora...

3) Diga: "Submeto minha vontade ao bem maior".

Agora volte seu foco de atenção para os sentimentos do seu coração, bem no meio de sua experiência de respiração, e diga a si mesmo:

4) "Abro meu coração para receber o amor de Deus."

E enquanto se mantém consciente dos movimentos respiratórios e do coração, diga:

5) "Estou quieto... e ouvindo."

Quando estiver preparado, abra-se para uma nova experiência dizendo:

6) "Sinto a presença de Jesus em meu coração."

Permita que a meditação vá aonde naturalmente vai... pelo tempo que quiser... e, em seguida, quando você estiver preparado para voltar ao mundo do cotidiano, pode dizer a si mesmo:

7) "Estou aqui para compartilhar amor, luz e momentos agradáveis."

Mantenha o foco na respiração, sobretudo quando seus olhos se abrirem espontaneamente... e você começar a se ocupar. Com a sensação do Espírito e de Jesus no coração, a presença da vontade de Deus impelindo-o espontaneamente para a frente a cada novo momento... vá em frente!

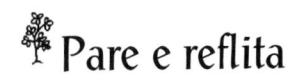

Pare e reflita

Palavras finais

A espiral de Jesus

Aqui e ali dei sugestões ao leitor relativamente ao fato de ser esta meditação algo mais que um processo linear único. Sim, você pode se deslocar por meio das sete expansões apenas uma vez quando o tempo é curto, e uma nítida, bela e rápida experiência do seu âmago espiritual se lhe revelará. Espero que você pare e faça isso de cinco a dez vezes por dia, ou até mais. Em apenas sete respirações — um minuto — você pode vivenciar efetivamente a meditação completa. Depois que dominar plenamente o processo, esse minuto poderá, em si e por si, transformá-lo verdadeiramente, quer você esteja no metrô, ou esperando o início de uma reunião, debaixo do chuveiro, ou em qualquer outro lugar onde tenha um minuto disponível. Esse minuto disponível transformará toda a sua presença pessoal em capacitação espiritual e compaixão com solidariedade.

Quando dispuser de uns cinco minutos, você poderá aprofundar-se mais um grau, movendo-se por meio da meditação com duas ou três respirações para cada uma das sete frases de expansão — e depois terminar com dois minutos de comunhão silenciosa com o divino. No trabalho, por exemplo, nos momentos de descanso, você pode gastar cinco minutos e trazer o Espírito ao seu local de trabalho diversas vezes por dia. Assim que estiver proficiente na retenção das propriedades meditativas da consciência depois da meditação, poderá disseminar a luz e o amor de Deus em seu local de trabalho o tempo todo.

Finalmente, chegamos ao grande clímax deste livro e do processo de meditação — quando você dispõe de 10 a 30 minutos livres e quer se aprofundar bastante. Recomendo muito uma prática de meditação diária em que dedique um intervalo de seu dia para a meditação — até meia hora reservada com reverência e perseverança, de maneira que se torne uma parte diária séria de sua agenda.

Não há o que se compare à disciplina de ser uma pessoa espiritualmente dedicada que reserva pelo menos meia hora por dia para comunhão direta com o divino. Portanto, além das versões abreviadas deste processo de meditação de Jesus, recomendo muito a experiência diária da espiral de Jesus.

A espiral de Jesus

Nos últimos 30 anos, a experiência ensinou-me coisas sobre meditação opostas a quase todos os métodos tradicionais. Tradicionalmente, a maioria dos métodos de meditação exige que o indivíduo concentre a atenção numa direção durante longos períodos. Segundo a velha lógica, quanto mais tempo a pessoa se mantivesse em determinada meditação ou fixação mental, melhor e mais profunda a experiência. Contudo, descobri que a verdade em geral é justamente o contrário — pelo menos para nossa personalidade e estado mental atuais.

Especificamente, descobri que para a maioria das pessoas é mais fácil e mais compensador mover-se por meio do processo básico de expansão de sete etapas diversas vezes num período de tempo razoavelmente curto, bem como permanecer nesse processo, do que tentar concentrar-se num só tema ou ponto fixo de meditação por um período mais longo.

Sim, naturalmente, um pouco de disciplina ajuda muito no exercício de meditação e evolução espiritual em geral. Mas não existe nada de sagrado, até onde posso ver, em alguém se impor fixar a atenção rigidamente durante longos períodos numa direção. No mais das vezes, isso provoca uma batalha entre uma parte de seu ego, que diz estar completamente entediado, e o lado supostamente mais espiritual do ego, que insiste em fazer o que o mentor de meditação ordenou, ainda que isso o esteja deixando profundamente entediado.

No meu entender, eis o que funciona muito melhor em todos os aspectos. Sim, é necessário um pouco de estrutura e disciplina. Aprenda e depois ponha em prática corretamente as sete frases de foco toda vez que fizer uma pausa para meditar e, em geral, mover-se com disciplina por essas etapas na ordem correta.

Em vez de fixar-se numa dessas expansões e frase de foco por mais de algumas respirações, o que traz melhores resultados é dizer a frase de foco, voltar a atenção nesse sentido e, depois de uma, duas ou três respirações, quando estiver preparado (e, principalmente, logo antes de sua mente começar a deixar-se levar por pensamentos e preocupações mundanas), passar para a próxima expansão e dizer para si mesmo a frase de foco correspondente. Depois de algumas respirações (às vezes mais, se você se aprofundar no tema), siga em frente e diga a próxima frase de foco que ampliará sua atenção ainda mais.

> Em outras palavras, atravesse a expansão inteira com razoável rapidez, de maneira que você vivencie todo o poder do processo em um só fluxo. Afinal, é um processo de expansão, portanto vá até o fim.

Quando chegar à sexta frase de foco e disser: "*Sinto a presença de Jesus em meu coração*", permaneça com essa experiência enquanto respira algumas vezes. Depois, em vez de tentar permanecer no estado em que você estiver depois de atravessar as seis expansões, faça algo libertador: volte à primeira frase de foco e pronuncie-a pela segunda vez na mesma meditação. Mova-se novamente pelas seis expansões... e quem sabe uma terceira vez... e até uma quarta.

O que acontece quando se transforma a meditação de Jesus na espiral de Jesus (que dá uma porção de voltas e sobe constantemente) é de fato extraordinário. Só vim a descobrir essa expansão dimensional do processo de meditação em minha própria vida há cerca de uma década, mas agora não consigo imaginar fazer meditação de outra maneira — porque funciona tão bem e faz da meditação não apenas algo sem esforço mas também lhe dá um fluir natural que é pura alegria.

Expansões exponenciais

No aspecto psicológico, eis a seguir o que acontece com a espiral de Jesus que faz a experiência espiritual expandir-se tão exponencialmente. Na primeira vez que se pronuncia uma das frases de foco, o indivíduo percebe que percorre determinada distância, mas isso é tudo. Se permanecer nessa etapa demasiadamente, sairá de repente da meditação, ou terá de usar uma disciplina incômoda para prender a atenção aí.

> Se, porém, passar para a próxima frase com razoável rapidez, seu ego continuará sentindo-se comprometido (o ego tem seu importante papel a cumprir, lembrar suas palavras!) e o seu foco de atenção se voltará para uma direção mais ou menos nova sempre interessante — durante certo período de tempo, até que você avalie o que essa expansão lhe trouxe.

Então, em pouco tempo, você vai descobrir que quer passar naturalmente para a próxima expansão — e é isso que significa expandir-se! Logo, logo, atinge a sexta expansão e, em vez de dizer a sétima frase de foco, que termina a meditação, você diz a primeira frase outra vez.

Você vai descobrir que, quando volta a atenção para a primeira expansão uma segunda vez na mesma meditação, volta a essa expansão onde a deixou e avança mais profundamente, porque ampliou a consciência com as outras expansões nesse meio-tempo. E assim, cada vez que atravessa as seis expansões, sua espiral sobe mais. Na segunda vez, a experiência será exponencialmente mais forte. Poderá ser um pouco sutil, mas é sempre verdadeira. Na terceira e na quarta vez que disser, por exemplo: "Abro meu coração para receber o amor de Deus", a experiência do influxo será extraordinariamente mais profunda do que a primeira vez em que você pronunciou a mesma frase de foco nessa meditação.

O que estou lhe transmitindo agora é talvez o lampejo intuitivo mais importante que já tive na área da meditação — certamente um dos mais impressionantes da minha vida. Uma meditação aparentemente simples, ensinada passo a passo, pode transformar-se numa espiral que o eleva cada vez mais alto.

Você vai perceber que na segunda, terceira e quarta rodadas da espiral poderá naturalmente querer reduzir algumas das frases de foco, à medida que seus pensamentos vão se tornando mais serenos e mais profundos — assim:

"Deus está soprando em mim."
"Eu acolho o eterno agora."
"Submeto-me ao bem maior."
"Abro meu coração."
"Estou quieto."
"Sinto a presença de Jesus."

O ápice da espiral

Em algum ponto, quem sabe na segunda rodada da espiral de Jesus, ou na terceira, ou na quarta, às vezes na quinta, você chegará a um ponto especial no qual seu ego diz uma frase de foco e emudece, e você entra numa meditação profunda e sem palavras sobre aquele tema e expansão específicos. Seu ego desaparece inteiramente e você está calado e unido com seu Criador.

Como a roda de uma roleta espiritual, você gira os seis temas de meditação e suas frases de foco, e dá voltas na espiral... até que a roda para de girar e você está voltado com toda a atenção exatamente na direção que o Espírito escolheu para o seu foco de meditação nesse dia.

Por exemplo, quem sabe seu ego venha agindo meio descontrolado ultimamente e esteja impondo sua mesquinha ordem do dia em sua vida, em vez de submeter-se à sua voz mais plena de sabedoria. Nessa circunstância, você pode avançar algumas vezes em volta da espiral de Jesus e dizer uma última vez a você mesmo: "*Submeto minha vontade ao bem maior*" e entregar-se à profunda meditação sobre essa experiência, enquanto o amor e a sabedoria de Deus acrescentam à sua atitude pessoal mais uma bela etapa.

Seja qual for a última frase de foco que disser na espiral, você entrará em meditação profunda e sem palavras nessa conjuntura. Naturalmente, não tenho a menor ideia do que acontecerá em sua meditação. Nem você saberá até se abrir nesse momento e vivenciar o que se apresentar.

A maior beleza desse processo de meditação é que ele é sempre novo. A manifestação do eterno momento presente jamais se repete. Estamos participando do grande desdobramento da criação de Deus, cada momento novo. Tudo o que podemos fazer é nos concentrar na experiência, abrir o coração à inspiração de Deus e participar com o coração, a mente e a alma.

É isso que eu tinha para dizer; minhas palavras estão chegando ao fim neste livro. Os instrumentos de meditação estão agora em suas mãos. Você pode voltar ao início do livro e aprofundar-se no domínio das sete expansões. De modo geral, foi um bate-papo muito perspicaz e agradável com o leitor com relação ao Espírito. Estive fazendo essa meditação básica durante todo o tempo que levei escrevendo o livro e certamente não teria chegado a iniciar esta tarefa sem a inspiração e a sabedoria proporcionadas pelo Espírito.

Agradeço ao leitor por ter-me acompanhado nesta investigação — e sinto-me ligado a você pelo Espírito enquanto continuamos compartilhando este momento eterno. Abençoada seja sua viagem espiritual!

A espiral de Jesus

"Deus está soprando em mim."
"Renuncio ao passado e ao futuro, e acolho este momento eterno."
"Submeto minha vontade ao bem maior."
"Abro meu coração para receber o amor de Deus."
"Estou quieto... e ouvindo."
" Sinto a presença de Jesus em meu coração."

"Deus está soprando em mim."
"Acolho o eterno agora."
"Submeto-me ao bem maior."
"Abro meu coração ao amor de Deus."
"Estou quieto... e ouvindo."
"Sinto a presença de Jesus."

"Deus está soprando em mim."
"Acolho o eterno agora."
"Submeto-me."
"Abro meu coração."
"Estou quieto."
"Sinto a presença de Jesus."
"Estou aqui para compartilhar amor, luz e momentos agradáveis."

Faça disto tudo algo completamente seu

Você acabou de ler este livro e tem uma ideia geral de como abordar essa nova meditação e processo de despertar espiritual. Que acontece agora? Tantas pessoas leem um livro inspirador, colocam-no de lado, escolhem outro e nunca chegam a ir além da fase de comentários sobre o despertar espiritual. Nunca passam a um exercício interior genuíno que produza resultados significativos em sua vida. Quero incentivá-lo, aqui e agora, a ir além da "busca", e ser um "descobridor".

A experiência do despertar espiritual não se encontra em livros, mas sim dentro de seu coração e de sua alma. Mesmo este livro, que se baseia em instrumentos pragmáticos para encontrar conforto e reflexão, não contém a experiência que você busca. Portanto, seu próximo passo é de importância vital. Por favor, observe-se, observe seus pensamentos e seu comportamento depois de terminar este livro — você está preparado para mudar, para ser um descobridor, em vez de um buscador?

Agora você descobriu instrumentos pragmáticos para meditar que dirigirão a sua atenção diretamente para a experiência mesma que Jesus indicava a seus seguidores. Porém, da mesma maneira que Jesus não forçava as pessoas a olhar na direção que ele indicava, este livro não o obriga a usar instrumentos de meditação extraídos dos ensinamentos dele para despertar a luz interior das pessoas.

O foco agora está em você. Os instrumentos estão a seu dispor. Você pode fechar o livro, deixar os instrumentos de lado e continuar sendo um buscador — ou pode começar a disciplinar-se (um pou-

quinho) a fim de memorizar este processo de meditação em Jesus, de sete etapas, exercitar-se no processo propriamente várias vezes todo dia e sentir-se como um ser espiritual consciente em vez de meramente imaginar-se assim.

Sei que não é fácil transformar-se de alguém que pensa em alguém que faz. Toda a nossa civilização milita contra o processo meditativo; cada minuto disponível que temos costuma ser absorvido pela mídia em vez de ser empregado para a realização do despertar e da cura interiores.

Assim, desenvolvi o melhor sistema de apoio e treinamento possíveis atualmente, de modo que, se você necessitar de ajuda, ela está disponível. Em primeiro lugar, este livro é o veículo fundamental disponível para as pessoas aprenderem de cor o método de meditação em Jesus. Volte ao primeiro capítulo, aprofunde-se na discussão e sobretudo memorize a frase de foco e aproprie-se dela.

Prossiga através de cada capítulo e desta vez habitue-se ao processo como se ele fosse seu. Fique à vontade para copiar qualquer página que desejar ter em mãos para poder afixar em seu local de trabalho, em seu quarto, na cozinha — escreva as frases de foco o mais claras e legíveis possível. E exercite o processo até que passe a ser um hábito novo e positivo.

GRÁFICA PAYM
Tel. (011) 4392-3344
paym@terra.com.br